목민심서

마음으로 읽는 다산 정신

청소년 철학창고 07

목민심서 마음으로 읽는 다산 정신

초판 1쇄 발행 2005년 11월 5일 | 초판 12쇄 발행 2024년 7월 31일

풀어쓴이 장승희
펴낸이 홍석 | 이사 홍성우 | 기획 채희석
인문편집부장 박월 | 편집부 박주혜 · 조준태 | 표지 디자인 황종환 | 본문 디자인 서은경
마케팅 이송희 · 김민경 | 제작 홍보람 | 관리 최우리 · 정원경 · 조영행
펴낸곳 도서출판 풀빛 | 등록 1979년 3월 6일 제2021-000055호
주소 07547 서울특별시 강서구 양천로 583 우림블루나인 A동 21층 2110호
전화 02-363-5995(영업), 02-364-0844(편집) | 팩스 070-4275-0445
홈페이지 www.pulbit.co.kr | 전자우편 inmun@pulbit.co.kr

ISBN 978-89-7474-533-2 44150
ISBN 978-89-7474-526-4 44080 (세트)

이 도서의 국립중앙도서관 출판예정도서목록(CIP)은 서지정보유통지원시스템 홈페이지(http://seoji.nl.go.kr)와
국가자료공동목록시스템(http://www.nl.go.kr/kolisnet)에서 이용하실 수 있습니다. (CIP제어번호: CIP2005002057)

본문 그림 출전 : 金弘道, 〈馬上聽鶯圖〉, 국립중앙박물관 소장

목민심서

마음으로 읽는 다산 정신

정약용 지음 | 장승희 풀어씀

'청소년 철학창고'를 펴내며

우리 청소년이 읽을 만한 좋은 책은 없을까? 많은 분들이 이런 고민을 하셨을 겁니다. 그러면서 흔히들 고전을 읽어야 한다고 합니다. 하지만 서점에 가서 책을 골라 보신 분들은 느꼈을 겁니다. '청소년의 지적 수준에 맞춰서 읽힐 만한 고전이 이렇게도 없는가.'라고.

고전 선택의 또 다른 어려움은 고전의 범위가 매우 넓다는 것입니다. 청소년 시기에는 시간과 능력의 한계 때문에 그 많은 고전들을 모두 읽을 수 없습니다. 그렇다면 어떤 책을 읽어야 할까요?

이런 여러 현실적인 어려움을 고려해 기획한 것이 풀빛 '청소년 철학창고'입니다. '청소년 철학창고'는 고전의 핵심이라 할 수 있는 '철학'에 더 많은 무게를 실었습니다. 그 이유는 무엇일까요?

사람들은 일반적으로 철학을 현실과 동떨어진 공리공담이나 펼치는 학문이라고 생각합니다. 하지만 철학적 사고의 핵심은 사물과 현상을 다양하게 분석하고 종합해서 그 원칙이나 원리를 찾아내는 것입니다. 그래서 철학은 인간과 세상에 대해 깊이 있게 생각하고, 논리적으로 종합하는 능력을 키워 줍니다. 그런 만큼 세상과 인간에 대해 눈떠 가는 청소년 시기에 정말로 필요한 공부입니다.

하지만 모든 고전이 그렇듯이 철학 고전 또한 읽기가 쉽지 않습니다. 그래서 '청소년 철학창고'는 청소년의 눈높이에 맞추기 위해 선정에서부터 원문 구성에 이르기까지 많은 노력을 기울였습니다.

첫째, 책을 선정하는 과정에서부터 엄격함을 유지했습니다. 동양·서양·한국 철학 전공자들이 많은 회의 과정을 거쳐, 각 시대마다 동서양과 한국을 대표하는 철학 고전들을 엄선했습니다. 특히 우리 선조들의 사상과 동시대 동서양의 사상들을 주체적인 입장에서 비교하고 검토할 수 있도록 했습니다.

둘째, 고전 읽기의 참다운 맛을 살리기 위해 최대한 원문을 중심으로 구성했습니다. 물론 원문 읽기의 어려움을 해결하기 위해 새롭게 번역하고 재정리했습니다. 그리고 청소년이라면 누구나 어렵지 않게 읽으면서 고전이 주는 의미와 내용을 이해할 수 있도록 설명을 덧붙였고, 전체 해설을 통해 저자의 사상과 전체 내용을 다시 한 번 정리해 주었습니다.

마지막으로 쉬운 것부터 읽기 시작해 점차 사고의 폭을 넓혀 가도록 난이도에 따라 세 단계로 구분했습니다. 물론 단계와 상관없이 읽고 싶은 순서대로 읽어도 됩니다.

우리 선정위원들은 고전 읽기의 진정한 의미가 '옛것을 되살려 오늘을 새롭게 한다(溫故知新).'는 데 있다고 생각합니다. '청소년 철학창고'를 통해 자라나는 청소년들이 인간과 사물에 대한 깊은 통찰력을 키워, 밝은 미래를 열어 나갈 수 있기를 진정으로 바랍니다.

2005년 2월

선정위원   허우성(경희대 교수, 동양 철학)   윤찬원(인천대 교수, 동양 철학)
    정영근(서울산업대 교수, 한국 철학)   허남진(서울대 교수, 한국 철학)
    이남인(서울대 교수, 서양 철학)   한자경(이화여대 교수, 서양 철학)

들어가는 말

　여러분 부모님들이 국민학교(지금의 초등학교)에 다닐 즈음, '고전 읽기'라는 독서 프로그램이 있었습니다. 동서양의 고전을 학생들이 읽고 토론하도록 한 프로그램이었습니다. 《퀴리 부인》, 《알프스의 소녀》, 《흥부와 놀부》, 《박씨전》 등 지금 여러분에게도 낯설지 않은 동서양의 위인전이나 고전을 읽고, 그 내용에 대해 토론하고 이야기하게 했습니다. 지금 기억으로, 책이 두껍고 글씨가 작아서 읽기가 상당히 어려웠던 것 같습니다. 하지만 지금 그때를 떠올리면 책 내용과 당시 추억들이 고스란히 되살아납니다. 특별히 읽을거리가 많지 않았던 그 시절, 그런 책들은 청소년들에게 꿈과 희망을 심어 주는 소중한 것이었습니다.

　청소년기의 책읽기는 그 어느 시기의 독서보다 중요한 의미가 있습니다. 감수성이 예민한 청소년에게 책 한 권이 주는 감동과 의미는 다른 무엇과도 바꿀 수 없는 것이기 때문입니다. 무한한 상상력, 간접 체험, 다양한 삶의 이해, 인생의 길잡이 등등……. 청소년기에 독서를 통해서 얻을 수 있는 것들입니다. 물론 이 모든 것들을 다 얻으면 더 좋겠지만, 그 가운데 하나만이라도 얻을 수 있다면 성공한 책읽기라 할 수 있을 것입니다.

　많은 책 가운데서도 '고전(古典)'이라 불리는 책은 그럴 만한 이유가 있어서 고전이란 이름이 붙은 것입니다. 고전은 책을 읽는 그 순간뿐만 아니라, 훗날 어른이 된 뒤에도 삶의 지침이 되는 책들입니다.

그 가운데 하나가 바로 《목민심서》입니다. 이 책은 조선 후기에 실학을 집대성한 다산 정약용 선생이 지은 것입니다. 백성을 다스리는 목민관이 처음 부임하여 그곳을 떠날 때까지 해야 할 임무와 자세를, 그리고 다산 자신의 생각을 다양한 역사책과 사례들을 두루 참고하여 정리한 책입니다.

다산은 22세에 과거에 급제하여 40세까지 중앙 정부 관료, 목민관, 암행어사 등 여러 벼슬 생활을 경험합니다. 그러다가 신유사옥(辛酉邪獄)이라는 정치적 사건으로 전라남도 강진에서 18년 동안 유배 생활을 합니다. 다른 사람 같으면 좌절하고 말았을 텐데, 다산은 그 기간에 열심히 공부하여 많은 책들을 씁니다. 그 책들을 모아 놓은 것이 그의 또 다른 호를 붙인 《여유당전서》입니다. 《목민심서》는 그 가운데 대표 저서로, 오늘날에도 실학 사상을 이해하는 필독서로 추천될 만큼 매우 훌륭한 책입니다. 책 내용 구절구절에서 백성들에 대한 사랑과 배려, 공직자의 바른 자세를 강조하고 있습니다. 앞으로 여러분이 커서 어떤 직업을 갖고 살든 올바른 삶의 방향을 정하는 데 많은 도움을 줄 것입니다.

2005년 11월
장승희

| 일러두기 |

1. 이 책은 민족문화추진회에서 펴낸 《목민심서》(한국문집총간 285(여유당전서 5))를 기본 텍스트로 하고, 《역주 목민심서》(다산연구회 역주, 창비, 1978)를 참고하였다.
2. 《목민심서》는 한문 원전으로 14권에 이르는 방대한 분량이다. 이것을 청소년이 쉽게 이해할 수 있도록 핵심적인 내용만을 뽑아 대화체 방식으로 재구성했다. 따라서 이 책에 등장하는 재용은 필자가 임의로 설정한 인물로, 《목민심서》 원래의 내용과는 관계가 없다.
3. 본문 구성에서 각 조의 제목은 원래 제목의 취지를 살려 구성했다.
4. 본문에 나오는 어려운 한자 단어는 최대한 현재 쓰는 용어로 풀거나 그 뜻을 설명해 놓았으며, 인명, 지명이나 풀어쓰기 어려운 용어는 괄호나 각주를 달아 설명했다.

1. 다산 선생과의 만남

茶山 1. 다산 선생과의 만남

노전(蘆田) 마을 젊은 부인 서러운 울음소리
현문(縣門) 향해 통곡하고 하늘에 울부짖네

지아비 군에 가서 돌아오지 못할 수는 있어도
예로부터 남자의 절양(絕陽)은 들어본 적이 없다네

시아버지 상(喪)에는 이미 상복 입었고

갓난아인 배냇물도 채 마르지 않았는데

삼대(三代)의 이름 군적에 실리다니

가서 하소연하려 해도 문지기는 호랑이처럼 지켜 서 있고

이정(里正)¹⁾이 호통 치며 마구간 소만 끌고 갔네

칼을 갈아 방에 들자 붉은 피가 자리에 가득

자식 낳아 군액(窘厄, 고생을 겪는 나쁜 일) 만났다며 스스로 한탄하네

무슨 죄가 있어 잠실궁형(蠶室宮刑)인가

민(萄)땅 자식들 거세한 것²⁾도 슬픈 일인데

낳고 낳는 이치는 하늘이 부여한 것이기에

하늘땅 닮아 아들딸 되는 법

말 돼지 거세함도 가슴 아프다 하는데

후손 이을 사람이야 말해 무엇하리요

부자들은 1년 내내 풍류나 즐기면서

---

1) 지방 고을에서 호적, 기타의 공공 사무를 맡아 보는 사람으로, 지금의 이장이나 통장과 비슷하다.
2) 당(唐)나라에서 민이라는 지방의 아이들을 환관(宦官)으로 썼다고 한다. 그래서 민 지방 사람들은 자식을 낳으면 곧 거세하여 종으로 만들었다.

쌀 한 톨 비단 한 치 바치는 일 없으니

다 같은 백성인데 왜 그리 공평하지 못할까

객창(客窓)에서 거듭거듭 시구편(搜鳩篇)[3] 읊조리네

"내가 지은 〈애절양(哀絶陽)〉이란 시란다. 남자의 생식기를 자르는 것을 절양이라 하지. 자기 생식기를 자르다니, 사람으로서는 차마 못할 짓이야. 궁형(宮刑)은 생식기를 자르는 형벌인데, 바람이 통하지 않는 누에고치 기르는 방 같은 밀실에 불을 지펴 놓고 형을 집행했어. 그래서 잠실궁형이라 한 것이지. 한(漢)나라 때 《사기(史記)》를 쓴 사마천(司馬遷)도 궁형에 처해졌지. 정말 끔찍한 일이 아닌가.

한 백성이 아이를 낳았는데 사흘 만에 군적(軍籍, 군인의 신분에 관한 것을 기록하는 장부)에 등록시키고, 그 마을 아전이 집안에 단 한 마리뿐인 소마저 빼앗았지. 앞으로 먹고살 일이 얼마나 막막했던지, 그 백성이 칼로 자기 생식기를 스스로 베면서 '내가 이것 때문에 곤란을 당한다.'라고 했어. 이런 어처구니없는 일이 일어나자, 그 아내는 피가 뚝뚝 떨어지는 생식기를 관가에 가지고 가서 울며 하소연했지. 그러나 문지기가 들여보내지도 않고 막아 버렸어. 이 이야기를 듣고 너무 마음이 아파 이 시를 지었단다."

---

3) 《시경(詩經)》의 편 이름. 군자(君子)가 마음 쓰는 것이 한결같고 공평함을 뻐꾸기에 비유하여 찬양한 시. 《시경》은 《서경(書經)》·《역경(易經)》과 함께 삼경(三經)이라 불린다.

재용은 오랜만에 책장에서 《다산시문집(茶山詩文集)》을 꺼내 보다가, 다산 정약용 선생의 절절했던 목소리를 떠올렸다. 그래, 벌써 1년이 훌쩍 지난 일이구나…….

작년 여름방학 때였다. 재용은 '《목민심서(牧民心書)》에 대해 읽고 조사하기'라는 방학 과제를 해야 했다. 아버지께 여쭈어 봤더니 서재에 《목민심서》와 다산 관련 책들이 있으니 보라고 하셨다. 하지만 막상 서재에 가 보니 눈앞이 캄캄했다. 두툼한 책이 여러 권이었기 때문이다. 이걸 언제 다 읽나, 정말 한숨부터 나왔다.

재용은 일단 구경이라도 할까 하는 생각에 《목민심서》 첫 권을 꺼내 들고 책상 앞에 앉았다. 역시 예상대로였다. 한자어가 너무 많아 그 내용이 눈에 잘 들어오지 않았다. 억지로 서문과 본문을 조금 읽다 보니 하품이 절로 나오고 눈꺼풀이 스르르 감겼다. 그때였다.

"이리 오너라, 재용아!"

밖에서 자신을 부르는 근엄한 목소리가 들렸다. 누구지? 재용은 고개를 갸웃거리며 밖으로 나갔다. 세상에! 수염이 긴 할아버지 한 분이 마루에 앉아 재용을 보고 웃고 계셨다.

"할아버지는 누구세요?"

"나? 글쎄, 한 번 맞춰 보렴."

'내가 꿈을 꾸는 것인가? 여기가 어디지?'

재용은 자신이 꿈속에 있는 것 같아 두 눈을 크게 뜨고 사방을 둘러보았다. 주변은 온통 사극에서나 보았던 옛날 풍경이었다.

"네 손에 들린 그 책을 쓴 사람이 바로 나란다."

"아니, 그럼 할아버지가 다산 정약용 선생님이세요?"

"뭘 그리 놀라나? 나도 책을 보다가 좀 지루하던 참인데, 우리 이야기나 나누는 게 어떤가."

태연하게 말씀하시는 다산 선생의 모습에 재용은 혼란스러웠다.

'다산 정약용 선생님이라니! 내가 방학 과제로 시달렸더니 꿈에서까지 다산 선생님을 뵙는구나.'

재용은 놀란 가슴을 다독이며 마음을 안정시켰다. 그러고 나자 다산 선생이 살았던 시대와 《목민심서》에 대해 여러 가지 궁금증이 생겼다.

"다산 선생님, 선생님이 사셨던 시대에는 백성들이 매우 어렵게 살았다고 하던데, 어느 정도였나요?"

"수령들이 온갖 핑계를 대고 조세를 거두어 굶어 죽는 사람들이 헤아릴 수 없이 많았지. 내가 그런 상황을 듣고 《목민심서》에 쓴 것이 아래 글이야."

심지어 부녀자의 배가 불룩한 것만 보고도 (아기) 이름을 지었고, 여자를 남자로 바꾸기도 하였으며, 더 심한 경우는 강아지 이름을 군적에 기록하기도 했는데, 이는 사람의 이름이 아니라 진짜 개였다. 또 '절굿공이'란 이름이 올라 있기도 했는데, 이는 사람의 이름이 아니라 진짜 절굿공이였다.

"수업 시간에 '삼정의 문란'이란 것을 배웠는데, 그걸 말씀하시는 건가요?"

"그렇지. 조선 시대에는 전정(田政), 군정(軍政), 환곡(還穀) 이 세 가지 제도로 나라 살림의 중요한 수입원을 삼았지. 전정은 토지세와 관련된 행정 제도, 군정은 군대에 직접 가는 대신 내는 군포(軍布)와 징집에 관련된 행정 제도, 환곡은 가난한 사람들에게 곡식을 빌려 주었다가 되돌려 받는 행정 제도라네. 원래 이 제도들은 국가를 유지하고 백성들을 구제하기 위한 것이었어.

그런데 임진왜란 이후부터 이 제도들이 혼란스러워졌지. 전쟁으로 많은 농토가 없어진 데다가, 관리들의 기강도 무너져 백성들의 어려움은 아랑곳하지 않았어. 중앙 관리부터 지방 관료에 이르기까지 자기 욕심을 채우는 데 급급하니, 그 난리통에 피해를 입는 것은 백성들뿐이었네. 내가 이런 사연들을 듣고 쓴 시가 바로 이 〈애절양〉이야."

그러고는 목소리를 가다듬어 나직하게 시를 읊으시던 다산 선생을 떠올리니, 재용은 얼굴이 화끈거렸다. 그때는 아는 것이 너무 없었다. 하지만 이제는 가끔씩 《다산시문집》을 꺼내 보기도 하고, 《목민심서》의 참뜻을 이해하려고도 하니, 자신이 생각해도 대견하기 짝이 없었다. 재용은 조용히 눈을 감고 다시 한 번 그때를 회상했다.

"선생님, 사실은 제가 《목민심서》를 읽고 감상문을 쓰는 숙제를 해야 하는데, 너무 어렵습니다. 선생님이 쉽게 설명해 주세요."

"허허, 그래? 한문을 잘 모르는 사람들이 읽기는 쉽지 않지. 그럼 내가 왜 《목민심서》를 쓰게 됐는지 머리글인 〈자서(自序)〉부터 살펴보기로 하세."

맹자(孟子)께서는 가축 기르는 것을 목민(牧民)에 비유하였다. 이 말로 미루어 보면 백성을 기르는 것을 일러 '목(牧)'이라 한 것은 성현께서 남기신 뜻이다.

성현의 가르침에는 원래 두 측면이 있는데, 군자의 학문은 자신을 닦는 수신(修身)이 반이요, 나머지 반이 목민이다. 성인(聖人)의 시대가 이미 오래되었고, 그 말씀도 없어져 도(道)가 점점 희미해졌다. 오늘날 백성을 다스리는 자들은 오직 이익을 취하는 데만 급급하고, 어떻게 목민해야 하는지는 알지 못한다. 이 때문에 백성들은 가난하고 병들어 서로 어려움을 겪다가 굶어 죽는 자가 가득한데도, 목민관들은 고운 옷과 맛있는 음식으로 자기만 살찌우고 있으니 어찌 슬프지 아니하겠는가?

다산 선생께서 말씀하셨다.

"맹자께서 목민을 가축 기르는 일에 비유한 것은 이리나 승냥이 같은 맹수로부터 가축을 보호하듯이 백성들을 돌보고 지켜야 한다는 뜻이라네. 군자라면 먼저 자신을 수양하고 난 뒤에 백성을 바르게 다스리는 것이 도리일세. 그런데 요즘 목민관들에게는 군자란 말을 꺼내기조차 어렵네. 백성은 헐벗고 굶주리는데 자기 이익만 채우고 있으니……. 내 아버지께서는 현감, 군수, 도호부사, 목사를 두루 지내셨는데, 고을을 잘 다스리셨지. 내 나이 열여섯에 아버지의 부임지인 전라도 화순에 따라간 적이 있었네. 비록 어린 나이였지만 따라다니면서 배워 들은 바도 있었고, 깨달은 바도 많았지."

변방에서의 귀양살이 18년 동안, 오경(五經)과 사서(四書)[4]를 되풀이 연구하여 나의 몸과 마음을 닦는 학문을 공부하였으니, 이미 배웠다 하지만 절반만 배운 것이다. 이에 23사(史, 중국의 23가지 역사책)와 우리나라 여러 역사책과 자집(子集, 자(子)는 사상적인 내용의 저술, 집(集)은 개인 문집) 등을 가져다가 옛날 목민관들이 목민한 예를 골라 세밀히 살펴보고 이를 분류한 다음, 차례로 편집하였다.

'심서(心書)'라고 한 것은 목민할 마음은 있으나 내가 몸소 실행할

---

4) 오경은 《시경》·《서경》·《역경》·《예기(禮記)》·《춘추(春秋)》를 말하며, 사서는 《대학(大學)》·《논어(論語)》·《맹자(孟子)》·《중용(中庸)》을 말한다. 사서오경은 유교(儒敎)의 기본 경전이다.

수 없었기 때문에 그렇게 이름 붙인 것이다.

"나는 전라도 강진에서 귀양살이를 했다네. 그곳은 논밭이 많은 지역으로, 조세의 대부분이 논밭에서 나왔어. 그러나 교활한 아전들이 조세를 마음대로 하여 여러 가지 폐단이 많았지. 내 처지가 힘없는 유배자 신세라서 이러저러한 여러 사례들을 듣기도 많이 했고, 또 상세히 알 수도 있었다네. 그것을 바탕으로 중국과 우리나라 역사책에서 자료를 찾아 정리하고, 나의 의견을 덧붙여서 만든 책이 바로 《목민심서》라네. 하지만 오랜 유배 생활로 내가 직접 고을을 다스릴 기회가 없이 이렇게 나이가 들고 말았으니 '심서'라 한 것이지."

"그럼 《목민심서》에는 어떤 내용들이 들어 있나요?"

"1편은 부임(赴任), 2편은 율기(律己), 3편은 봉공(奉公), 4편은 애민(愛民)이고, 그 다음 차례차례로 이전(吏典), 호전(戶典), 예전(禮典), 병전(兵典), 형전(刑典), 공전(工典)의 6전(六典)이 있어. 그리고 11편은 진황(賑荒), 12편은 해관(解官)으로 모두 12편으로 되어 있지. 각 편마다 각 6조로 내용을 나누어 모두 72조가 있다네.

《목민심서》는 목민관이 처음 부임해서 고을을 다스리고, 임기가 끝나 고을을 떠날 때까지 해야 할 일을 여러 자료들을 참고해서 쓴 것이지. 이 책이 비록 모자란 점은 있지만, 조목을 따라 수령이 해야 할 일을 다하려고 노력한다면 비난은 받지 않으리라 믿네."

　재용은 새삼스레 《목민심서》를 바라보았다. 그 분량만으로도 정말 깊이 고민하고 노력한 흔적이 엿보이는 것 같았다.

조선 시대의 지방 관직 제도

　조선 시대에는 중앙 관직의 관료들이 지방에 목민관으로 부임하기도 했고, 목민관에서 중앙 관직으로 옮겨 가기도 하는 등, 두 관직을 옮겨 다닐 수 있었다. 중앙 관직에 있는 사람을 경관(京官), 지방 관직에 있는 사람을 수령(守令)이라 했다. 서울을 중심으로 말하여 경관을 내직(內職), 수령을 외직(外職)이라고 구분하기도 했다.

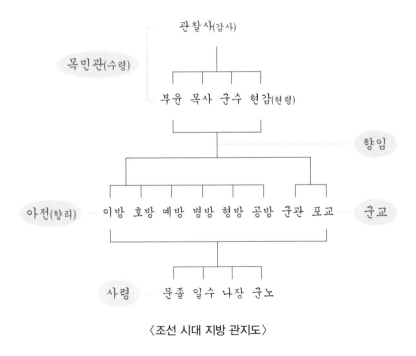

〈조선 시대 지방 관지도〉

이 가운데 외직을 담당한 수령들이 바로 목민관이다.

목민관은 고을의 크기나 맡은 임무에 따라 구별되었다. 전국 8도의 관찰사(觀察使)가 가장 높은 자리였는데, 감사(監司)라고 불리기도 했다. 각 도에는 부·목·군·현이 있었고, 부에는 부윤(府尹), 목에는 목사(牧使), 군에는 군수(郡守), 현에는 현감(縣監) 또는 현령(縣令)이 목민관으로 부임했다. 이 수령들은 고을의 크기와 상관없이 모두 임금을 대신하여 백성들을 직접 다스렸다.

지방 행정의 책임자는 정부에서 파견하는 수령이었고, 수령 아래 행정 조직에는 중앙 정부 조직인 6조를 모방한 이방(吏房), 호방(戶房), 예방(禮房), 병방(兵房), 형방(刑房), 공방(工房)인 6방과 군사·경찰 업무를 담당하는 군교(軍校)가 있었다. 그리고 수령을 보좌하던 자문 기관인 향청(鄕廳)의 임원으로 향임(鄕任)이 있었다.

여기서 6방의 실무 행정을 담당한 사람들이 향리(鄕吏), 바로 아전(衙前)이다. 이방은 인사 관리와 관련된 일, 호방은 세금 징수와 관련된 일, 예방은 교육과 예절, 제사 등과 관련된 일, 병방은 군사 업무와 관련된 일, 형방은 형벌과 소송에 관련된 일, 공방은 산림이나 건설 등에 관련된 일을 맡아했다. 수령들은 자주 이동하지만, 이러한 아전들은 그 고을에서 나고 자라 그 자리를 세습하기 때문에 고을 상황을 더 잘 파악했다. 따라서 점차 중간에서 농간을 부려 백성들을 괴롭히는 경우가 생겨났다.

군교는 지방 관아의 군 업무에 종사하던 군관(軍官)과 지방 포도청에 근무하던 포교(捕校)로 구성되어 있었으며, 향임에는 좌수(座首), 별감(別監) 등이 있었다. 그리고 지방 관아에서 가장 낮은 지위로 여러가지 심부름을 하던 사람들인 사령(使令)이 있었는데, 문졸(門卒), 일수(日守), 나장(羅將), 군노(軍奴)가 그들이다.

2. 목민관의 부임 길[부임 6조]

2. 목민관의 부임 길 [부임 6조]

부임(赴任) 6조는 제배(除拜), 치장(治裝), 사조(辭朝), 계행(啓行), 상관(上官), 이사(莅事)로 이루어져 있다. 임금에게 목민관 임명장을 받는 것(제배)에서부터 부임지로 가기 위해 짐을 꾸리는 것(치장), 임금에게 하직 인사를 올리는 것(사조), 부임지로 가는 과정(계행), 부임지 관청에 들어가는 것(상관), 부임지에서 일을 시작하는 것(이사)까지의 과정을 다루는데, 목민관이 갖추어야 할 자세와 태도를 자세하게 제시했다. 특히 검소하고 백성에게 피해를 주지 않아야 한다는 점을 거듭 강조하고 있다.

제 1 조 목민관으로 임명되다[제배(除拜)]

다른 벼슬은 구해도 좋으나, 목민관만은 구해서는 안 된다.

"윗사람을 섬기는 사람을 백성이라 하고, 백성을 다스리는 사람을 선비라고 한다네. 선비는 벼슬하는 사람이고, 벼슬하는 이는 모두 백성을 다스리는 사람이지. 경관은 공공 문서나 서류를 다루고, 맡은 공무를 처리하는 것이 그 임무라서 열심히만 하면 일하는 데 큰 문제가 없어. 그러나 수령 자리는 백성들의 삶을 좌지우지하는 자리이기 때문에 정도의 차이가 있을 뿐, 나라를 다스리는 것만큼 중요하다네. 그러니 어찌 목민하는 벼슬을 스스로 구해서 하겠다고 할 수 있겠는가?"

다산 선생께서 이어서 말씀하셨다.

"옛날 중국에서는 수령이 곧 제후(諸侯)였으니, 보좌하는 사람들이 대부분의 일을 다 잘 처리해서 어려울 것이 없었다네. 하지만 오늘날 수령은 모든 백성 위에 외롭게 있으면서 교활하고 간악한 아전들의 보좌를 받고 흉악한 성격을 지닌 자들을 일꾼으로 삼고 있으니, 이들이 서로 뭉쳐서 수령 한 사람의 총명을 가리고 속이는 일이 많다네. 심지어 그들은 문서까지 제멋대로 꾸며 백성들을 괴롭힌다네.

또한 옛날 제후는 아비에게서 자식에게로 세습되었기 때문에, 제후의 신하가 죄를 지으면 평생 다시 등용되지 못했지. 그만큼 명예와 의리를 중시했어. 따라서 사악하고 나쁜 사람이라도 감히 제후에게 복종하지 않을 수 없었다네. 그에 비해 요즘 수령의 임기는 길면 2년이고 때론 몇 달 만에 바뀌니, 마치 주막에 잠시 머무는 나그네와 같아. 반면 그 아래 아전들은 모두 아버지 뒤를 이어 자식이 세습하지.

이처럼 옛날과 달리 주객이 바뀌다 보니, 오래 머무는 아전들과 잠깐 다녀가는 수령들의 처지가 달라졌어. 아전들이 군신(君臣)의 큰 뜻과 세상의 정해진 분수를 알 리가 없지. 죄를 짓고 도망갔다가도 손님인 수령이 떠나면 다시 돌아와 예전처럼 부와 권세를 누리니, 그들이 무엇을 두려워하겠나!"

다산 선생이 한탄하며 말씀을 이으셨다.

"수령 노릇이 이처럼 어려운데, 수령 자리를 어찌 스스로 구할 수 있겠는가? 수령의 임무는 덕이 있더라도 위엄이 없으면 제대로 할 수 없고, 비록 하고 싶은 뜻이 있더라도 현명하지 못하면 해낼 수 없다네. 제대로 하지 못하면 백성들이 피해를 입고 괴로움을 당하지."

"수령이 현명하지 못하면 고을 사람들이 살기 힘들겠군요."

"그렇지. 능력 없는 자가 수령이 되면 백성들은 가난하고 고통스럽게 될 것이고, 수령 자신도 사람들에게 비난을 받고 심지어 귀신까지 원망하여 재앙이 후손에게까지 미칠 것이야. 그런데 어찌 그 자리를 구할 수 있겠는가."

"그래서 선생님께서 목민관만은 스스로 구해서는 안 된다고 하셨군요."

"맞아. 오늘날 무관(武官)들은 스스로 부탁하여 벼슬을 얻는 것이 풍습처럼 되어 있는데, 자신의 재주와 슬기로 그 벼슬을 감당할 수 있을지 없을지는 생각지도 않는다네. 그 부탁을 들어주는 사람도 더 묻지 않으니 참으로 잘못된 일이지. 문신(文臣)들의 경우는 중앙 관리로 있다가 부모 봉양을 위해 수령 자리를 청하기도 하네. 그는 효성 때문에 청하고 임금은 그 효성이 갸륵하여 허락하니, 그 풍습을 매우 당연하게 여기고 있지."

"저도 그 점은 좋다고 생각하는데요. 무슨 문제가 있나요?"

"집은 가난하고 부모님은 나이 드셨는데 끼니조차 잇기 어렵다면 실로 딱한 일이지. 그러나 공적인 이치로 말하면, 벼슬을 위해서 사람을 고르는 것이지 사람을 위해 벼슬을 고르는 법은 없어. 한 집안을 부양하기 위해 백성의 수령이 되겠다는 것이 옳은 일인가? 한 나라의 신하가 되어서 백성들로부터 거두어들인 것으로 제 부모를 봉양하는 것은 이치에 맞지 않네. 임금이 그것을 허락하는 것도 역시 이치에 맞지 않는 것이지. 이상 정치가 이루어졌다는 우(虞)·하(夏)·은(殷)·주(周) 나라 때도 이런 일은 결코 없었어.

이황(李滉) 선생은 제자 이정(李楨)에게 보낸 편지에 이렇게 말했네.

'맛있는 음식이 없으면 자식으로서 큰 걱정거리지만, 지금 사람들은 늘 부모 봉양을 핑계로 옳지 못한 녹봉(祿俸)을 받고 있으니, 이는 무덤에서 제사 음식을 구걸하여 부모를 봉양하는 것과 다를 바 없다.'라고 말일세."

재용은 비로소 그 말을 이해할 수 있었다. 효도가 중요하기는 하지만, 그건 개인적인 것이고 공직은 백성과 관련된 공적인 자리다. 그러므로 수령의 자리를 개인적인 이유로 구해서도 안 되고 개인적인 사정을 고려하여 임명해서도 안 된다. 즉, 능력을 중심으로 임명해야 한다는 것이다.

임명된 직후에 재물을 함부로 써서는 안 된다.

"수령의 녹봉은 다달이 정해져 있고, 한 달 액수도 자세히 나누어 날짜별로 정해져 있네. 달을 당기거나 날짜를 앞당겨 재물을 쓰는 것은 써서는 안 될 재물을 쓰는 것이야. 쓰지 말아야 할 재물을 쓰는 것은 탐관(貪官)이 될 조짐이라 할 수 있지. 수령이 부임지에 도착하기도 전에 바뀔 경우 그 수령은 녹봉을 받을 수 없다네. 그런데 몸이 아직 서울을 벗어나지 않은 상태에서 그 고을의 재물을 함부로 쓰면 되겠는가? 어쩔 수 없는 경우가 아니라면 함부로 써서는 안 된다네.

오늘날 궐내행하(闕內行下)라는 것이 있다네. 수령이 임금께 하직 인사할 때 궐에서 일하는 대전별감이나 승정원 사령들이 새로 임명된 수령에게 사례비를 걷는 관습일세. 많으면 수백 냥에 이르고 적어도 5,60냥은 되지. 그런데 조상의 덕으로 벼슬하는 음관(蔭官), 무관, 혹은 문벌이 높지 않은 시골 출신들이 사례비를 적게 주면 드러내 놓고 욕을 하거나 옷소매를 끌어당기곤 했으니, 그 곤욕이 말이 아니었네.

일찍이 정조 대왕께서 이를 엄하게 금지하고 승정원에서는 사례비 액수를 정해 더하거나 빼지 못하게 하였네. 그 뒤로 욕지거리는 다소 줄었으나, 거두는 액수는 고을에서 올리는 공물(貢物) 액수에 가까우니 예(禮)에 크게 어긋나는 것일세. 조정에서 수령을 보낼 때는 마땅히 비용을 절약하여 백성을 사랑하도록 경계해야 마땅하거늘, 이렇게 대전별감이나 승정원 사령들이 멋대로 명분 없는 돈을 거두어 기생을 끼고 거문고 타면서 피리 불며 노는 비용으로 써 버리니, 이것이 무슨 예인가!"

다산 선생은 조금 흥분한 목소리로 말씀을 이으셨다.

"임금을 가까이 모시는 신하들이 '당신은 기름진 고을을 얻어 장차 백성의 고혈(膏血)을 먹을 것이니, 대전별감과 승정원 사령을 잘 대접하게.'라고 재촉하는 것도 예가 아니고, 목민관으로 나갈 사람이 '나는 기름진 고을을 얻어 장차 백성의 고혈을 먹을 것이니, 어찌 그 비용을 거절하랴.' 하고 순응하는 것도 옳지 않아. 더욱이 궐내행하의 돈을 관가 창고에서 **빼가는** 자도 있으니, 이는 하인들을 시켜 백성들의 살을 깎아내는 짓이 아닌가? 이 일은 마땅히 조정에서 엄하게 금지해야 옳을 것이야. 그런데 수령으로 가는 사람은 그저 관례를 따른다는 핑계를 댈 뿐이니, 이를 앞으로 어찌해야 하겠나?"

경저(京邸, 지방 관청의 편의를 위해 서울에 둔 연락 기관)에서 고을에 통지문을 처음 내려보내는 때부터 폐단이 될 만한 것이 없도록 해야 한다.

"수령이 부임할 때 고을 사람들이 수령을 맞는 예절을 신영(新迎)이라 하네. 그 형식이 너무 거창하면 백성들의 부담이 커지므로, 미리 그 내용을 일러 주는 것이 좋다네. 신영의 예절은 첫째, 고을에서 수령에게 바치는 물건을 봉하여 올리는 것, 둘째, 관아를 수리하는 것, 셋째, 깃발을 들고 맞이하는 것, 넷째, 고을 업무 담당자들이 기다려 맞이하는 것, 다섯째, 부임 도중에 문안드리는 것이라네. 그 가운데 폐단이 될 만한 것은 **빼는** 게 좋을 거야. 다음과 같이 구체적으로 적어 보내면 도움이 되겠지.

• 바치는 물건은 술과 마른 고기 외에는 봉하여 올리지 말 것.
• 관청 건물 수리는 분부를 기다려 시행할 것.

- 신영을 구실삼아 금품을 강요하는 행위를 엄히 막을 것.
- 부임하는 날, 고을 경계선의 깃발은 두 개 외에는 다 없앨 것.
- 문안은 서울에서 반쯤 되는 곳에서 한 번 하되, 바치는 물건은 봉하여 올리지 말 것.

옛날 수령에게 바치던 물건은 안장 도구, 옷감, 종이, 음식 등 그 양이 많았는데, 이것이 신영의 예절이었지. 그리고 수령은 이 물건들을 받아 친척에게 나누어 주었다네. 이것이 비록 아름다운 풍습이기는 하지만, 중세 이래로 고을들이 어려워진데다가 재정도 부족해졌으니 절약하여 바치는 물건을 줄이는 것이 좋다는 말이네."

"그렇군요."

"관아 수리에는 종이도 많이 들어가고, 백성들에게 부역을 시켜야 하는 등 폐단이 많으니, 부임한 뒤 형편을 보아 수리하는 것이 좋네. 또 신영할 때 깃발은 으레 속오군(束伍軍, 조선 시대 지방 군대의 일종)을 시켜서 떠받들게 하는데, 그들이 읍에 들어오면 수십 일씩 묵거나 읍에 들어오지 않을 경우에도 제멋대로 비용을 거두어 쓰니, 만약 농사철이라면 백성들에게 큰 피해를 줄 수 있다는 점을 생각해야 하네."

잠시 말을 끊었다가 다산 선생께서 다시 말을 이으셨다.

"신영 초기에는 고을 아전들이 문안차 보내는 하인들이 끊이지 않는데, 그들이 왕래하면서 낭비하는 비용은 모두 백성에게서 나오는 것일세. 또 수령이 취임한 뒤 사령들이 문안을 핑계로 고을에서 비용을 거두는데, 이 고을 저 고을 구석구석 안 가는 곳이 없어. 이런 까닭에 아전들이 보내는 하인의 문안이 잦으면 안 된다는 걸세."

　신영에 필요한 쇄마(刷馬) 비용을 국비(國費)로 받았는데도 이를 다시 백성에게서 거둬들인다면, 이는 임금의 은혜를 숨기고 백성의 재물을 빼앗는 짓이니 그래서는 안 된다.

　"쇄마란 지방에 두고 공적인 업무로 오갈 때 사용하는 말이라네. 《속대전(續大典, 영조 22년에 간행된 법전)》을 보면, 지방관을 맞이하고 보낼 때 쓰는 쇄마는 거리에 따라 정해진 숫자가 있다네. 평안도와 함경도 외에는 모두 쇄마가 있는데, 주와 부는 20필, 군과 현은 15필이라네. 도를 상·중·하로 나누고 읍을 대·중·소로 나누어, 멀고 큰 읍에는 6필까지 더 주고, 가깝고 작은 읍에는 2필까지 더 배정했지. 경기 지방은 말의 수를 줄이고, 평안도 박천 서쪽과 함경도 홍원 북쪽은 모두 역마(驛馬)를 지급했네."
　쇄마에 대해서 자세히 설명한 다음 다시 말씀하셨다.
　"쇄마 값은 처음에는 모두 쌀로 주었는데, 영조 대왕 때 균역법을 시행한 뒤로 영남·호남·충청도 지역은 돈으로 대신 주었어. 액수가 많은 경우는 400여 냥, 적은 경우는 300여 냥이었네. 이 법을 처음 마련할 때 조정의 뜻은, 수령을 맞이하고 보낼 때 쇄마를 핑계로 백성을 괴롭히지 않도록 하자는 것이었네.

　그런데 요즘은 수령이 바뀔 때 새로 오는 수령이나 떠나는 수령 모두 민간에서 쇄마전을 거두니, 그 액수가 더러 국비와 맞먹거나 갑절이 되기도 하네. 이것이 하나의 풍습이 되어도 부끄러운 줄 모르니, 옳지 않다고 보네. 원래 전임 수령이 떠날 때는 국비가 지급되지 않아. 또 새로 오는 수령의 쇄마전은 향청(鄕廳)에서 명령을 내리는 것이니, 그것은 새로 오는 수령의 죄는 아닐세. 그러나 부임한 뒤이 돈을 백성에게 돌려주지 않으니, 이는 새 수령이 먹은 것이네. 거둔 것은 내가 아니지만 먹은 것은 결과적으로 누구겠는가. 그런데도 그 허물을 피할 수 있겠는가?

　이미 먹어서는 안 되는 것을 먹은 꼴이 되었으니, 차라리 미리 명령을 내려 '몇 달 안으로 바쳐야 하는 군전(軍錢)이나 세전(稅錢) 등 마땅히 바쳐야 할 것으로 대신 충당하고, 그 바친 액수는 다시 바치지 말라.'고 하여 수령의 마음을 백성 앞에 분명히 밝히는 것이 좋을 것이네."

제2조 행장을 꾸리다[치장(治裝)]

짐을 꾸릴 때, 의복이건 말이건 모두 쓰던 것을 그대로 쓰고 새로 마련하지 말아야 한다.

"치장이란 부임을 위해 짐을 꾸리는 것을 말하네. 부임의 예를 갖추는 데 필요한 물건들이 있는데, 사용할 수 있는 것들은 다시 마련하지 않아야 옳지. 백성을 사랑하는 근본은 비용 절약에 있고, 비용 절약의 근본은 검소함에 있네. 검소한 뒤라야 청렴할 수 있고, 청렴한 뒤라야 자애로울 수 있으니, 검소함이야말로 목민하는 데 먼저 힘써야 할 일이라고 할 수 있지.

제대로 배우지 못한 어리석은 사람은 산뜻한 옷에 좋은 갓을 쓰고 좋은 안장에 날랜 말을 타고선 위풍을 떨치며 세상을 깔보려 한다네. 간악한 아전들은 새로 부임한 수령을 살필 때, 먼저 그의 의복과 말의 차림새를 본다네. 차림새가 사치스럽고 화려하면 씽긋 웃으며 '알 만하다.'라고 하고, 검소하고 누추하면 놀라며 '두려운 분이다.'라고 하지. 저자거리 아이들이나 귀하게 여기는 이런 것을 학식 있는 사람들은 비루하게 여기니 무슨 이익이 있겠는가.

어리석은 사람은 남들이 부러워한다고 착각하지만, 부러워하지 않을 뿐만 아니라 도리어 미워한다네. 자기 재산을 털어 명예를 손상시키고, 게다가 미움까지 받으니 어리석은 짓이 아니겠는가.

사치스러운 짓은 어리석은 사람이나 하는 일이야. 수령으로 나가는 사람은 분명 중앙에서 벼슬한 경험이 있을 테니, 의복과 말은 어느 정도 갖추어져 있을 거야. 따라서 그대로 행차해야지, 한 가지라도 새로 마련해서는 안 될 것이야."

동행하는 사람이 많아서는 안 된다.

"가족들 몇 명은 괜찮지만 절대 동행이 많아서는 안 되네."
"동행하는 가족 수를 줄여야 한다는 말씀이군요?"
"그렇다네. 자식들 가운데 한 사람은 따라가도 좋을 거야. 노비도 데려가서는 안 되지만, 부인이 가면 여종 한 명은 있어야겠지. 이 정도에서 그쳐야지, 식솔이 많으면 백성들에게 누를 끼치기 쉽다네. 수령의 시중을 드는 청지기는 관가의 좀벌레와 같은 존재니 절대 데리고 가선 안 된다네."

청렴한 선비의 짐은 이부자리와 솜옷, 고작해야 책 한 수레면 될 것이다.

"요즘 부임하는 사람들은 책력(冊曆, 해와 달의 운행과 절기 등을 적어 놓은 책) 한 권만 가져가고, 다른 책은 한 권도 짐 속에 넣지 않네. 부임지에 가면 으레 많은 재물을 모아 돌아올 때에 행장이 무거울 것이니, 책 한 권도 부담이 된다고 여기기 때문이지. 마음가짐이 이와 같으니, 어찌 백성을 제대로 돌볼 수 있겠는가?

선비가 벼슬을 살게 되면 이웃 선비들이 질문해 오기도 하고 논쟁도 벌어질 거야. 또 과거 공부도 시켜야 할 것이므로 옛일을 참고하거나, 제목을 주어서 글을 짓게 하려고 해도 책이 꼭 필요하네. 또 이웃 수령들과 경치 좋은 곳에서 노닐며 운(韻)을 내어 시를 지을 때도 있으니, 옛사람들의 시집도 필요할 것이네. 하물며 옛 책을 자세히 참고하지 않고서 전정·부역(賦役)·진휼(賑恤, 흉년을 당해 가난한 백성을 구하는 업무)·형옥(刑獄, 죄인에 대한 형벌과 법 집행에 관한 업무)에 관한 것을 어떻게 논의할 수 있겠는가?

더구나 남북이 까마득하여 기후와 풍토가 아주 다른데, 질병에 걸리기는 쉽고 의원 구하기는 힘드니 의서 몇 권도 챙겨야 하지 않겠는가. 또 변방에서는 아침저녁으로 변란에 대처해야 하니, 전쟁에 대비한 병서도 필요할 것이네.

이처럼 책이 필요한 경우가 많으니, 책을 한 수레 싣고 오는 건 당연한 일이지. 돌아갈 때 토산물 대신 이 책 수레만 가지고 돌아간다면, 어찌 맑은 바람이 길에 가득하지 않겠는가!"

제3조 하직 인사를 하다[사조(辭朝)]

사헌부와 사간원의 서경(署經, 자격 심사와 임명 동의)이 끝나고서야 임금께 하직 인사를 드린다.

"《속대전》에는 각 도의 도사(都事, 관리의 불법 행위 등을 감시하던 종5품 벼슬)나 수령으로 처음 임명된 사람은 모두 서경을 받도록 규정되어 있네. 그러나 일찍이 시종(侍從, 임금을 모시는 관원)과 당상관(堂上官, 정3품 이상의 관리)을 했던 사람은 서경을 받지 않는다는 규정이 있어. 또 서경은 사헌부와 사간원에서 관원 2명씩 나와 실시하며, 임명된 뒤 50일이 지나도 서경에 통과하지 못한 사람은 임금께 아뢰어 임명을 바꾼다는 규정도 있다네."

"서경은 어떤 절차인가요?"

"서경은 사헌부와 사간원에서 하는데, 처음 임명받은 사람은 모두 서경을 받아야 하네. 본인과 부인의 아버지, 할아버지, 증조할아버지, 고조할아버지 4조(四祖)를 조사하여 허물이 있는지 없는지를 자세히 살핀 뒤 임명 여부를 결정하는 제도지. 임금의 특별한 명령이 있을 경우만 두 관청 가운데 한 곳의 서경을 면제받을 수 있었어. 이렇게 옛날에는 수령의 임명을 중요하게 여겨 추천과 심사를 엄격하게 했지. 심지어는 경서(經書)와 법률에 관한 시험까지 거쳤다네. 그러나 지금은 이런 규정이 있으나마나해서, 재주가 남보다 못하고 무식한 사람까지도 다 수령으로 나가고 있네."

공경(公卿, 재상과 대신), 대간(臺諫, 사헌부와 사간원의 모든 관료)에게 하직 인사를 드릴 때는 자신의 재주와 능력이 부족함을 말해야지, 녹봉의 많고 적음을 말해서는 안 된다.

"수령의 녹봉이 적어도 식구 열 명이 먹고 살지 못할 정도는 아니네. 그러니 수령으로 가는 사람이나 보내는 사람은 모두 고을의 폐단이나 백성들 걱정을 이야기해야지, 녹봉의 많고 적음을 말하는 것은 창피한 일이네. 재상이나 대신들 가운데 그 도의 감사나 가까운 고을의 수령을 지낸 이가 있으면, 풍속을 어지럽히는 폐단이나 백성들의 걱정거리를 자세히 묻고 그것을 바로잡을 방법과 대책을 물어 보아야 하네. 단순히 형식적으로 물어보는 것은 바람직하지 못해."

전관(銓官)에게 두루 하직 인사를 할 때, 감사하다는 말을 해서는 안 된다.

"전관이란 관리의 인사를 담당하는 실권을 지닌 자리라네. 문관 인사를 담당하는 이조 관리와 무관 인사를 담당하는 병조 관리들을 전

관이라고 했지. 수령이 임명을 받으면 전관에게 하직 인사하는 것도
예의였다네.

전관은 국가를 위해 인재를 뽑은 것이니 개인의 은혜를 들먹여서
도 안 되고, 수령은 자격을 갖추어 관직을 얻은 것이니 은혜를 입
었다고 마음에 품어서도 안 되네. 간혹 수령으로 가는 자들 가운데
전관의 집에 가서 하직 인사를 하며 바라는 바를 묻고, 전관이 하찮
은 물건을 바라는 척하면 후한 것으로 바치겠다면서 부임하자마자
뇌물 바치는 것을 당연하게 여기니, 염치없는 정도가 도를 넘었지.
선배들에게는 그런 풍습이 없었는데 말이야."

수령을 맞으러 온 고을 아전과 하인들을 대할 때는 마땅히 위엄
있고 온화하며 간결하고 과묵하게 해야 한다.

"수령을 맞으러 온 이방의 주머니에는 으레 조그만 서책 하나가 들
어 있는데, 이를 읍총기(邑總記)라 하네. 거기에는 녹봉인 쌀과 돈의
수량, 그것을 운용하여 늘리는 방법 등이 적혀 있지. 수령이 그것을
보고 기쁜 빛을 드러내며 그 방법을 조목조목 묻는 것은 천하의 창피
한 일일세. 아전이 올리는 그날로 돌려주고 이렇다 저렇다 말하지 말
아야 해.

이튿날 아침에는 이방을 불러 고을의 큰 걱정거리 한두 가지를 묻

되 듣기만 하고 잘잘못을 따지지는 말아야 해. 그리고 꼭 바로잡아야 할 일은 하직 인사를 다니는 날에 그 고을의 감사를 지냈던 분과 상의하는 것이 바람직하다네.

수령이 아전이나 하인을 대할 때는 경솔하게 체면을 손상해도 안 되고 잘난 체 점잖만 빼도 안 되네. 위엄 있되 온화하면 충분하니, 과묵함이 가장 좋은 방법이네.

자식이나 노비들도 아전이나 하인들과 대화를 못하도록 거듭 엄하게 단속해야 하네."

임금 앞을 떠나 대궐 문을 나서면, 백성들의 소망을 살피고 임금의 은혜에 보답하여 관직을 잘 수행할 것을 마음 깊이 다짐해야 한다.

"수령으로서 꼭 지켜야 할 일곱 가지가 있네. 이 내용들은 임금 앞에서 외우거나 승정원에서 설명하고 토론해야 하니 소홀히 해서는 안 된다네. 그 일곱 가지는 《경국대전(經國大典, 성종 때 완성한 조선의 기본 법전)》에 따르면, 농사와 누에치기를 잘 되게 하고, 고을 인구를 늘리며, 학교를 많이 세우고, 군정을 바르게 하고, 부역을 고르게 하며, 소송이 적도록 하고, 간사하고 교활한 무리가 없도록 하는 것이지."

이어서 말씀하셨다.

"전에 내가 곡산 도호부사로 갈 때 하직 인사를 하려고 희정당(熙政堂, 창덕궁에 있는 전각)에 들렀는데, 임금께서 '옛 법에 수령이 멋대로 법을 지키지 않거나 못나서 제 임무를 잘 해내지 못하면 전관에게 잘못이 돌아가게 된다. 그러므로 임금의 특별 명령으로 임명된 사람은 더욱더 조심하고 두려워해야 한다. 왜냐하면 전관에게 그 잘못을 돌릴 수 없기 때문이다. 짐도 특별 지시를 내어 임명했다가 여러 번 창피와 후회를 맛보았다. 그런데 또 경계하지 않고 짐이 직접 이름을 써 넣어 낙점(落點, 수령 후보자 가운데 한 사람의 이름에 임금이 직접 점을 찍는 것)을 했으니 특별히 임명한 것이나 다름없다. 가거들랑 잘하여 내가 부끄럽지 않도록 하라.'고 하였다네. 그때 황송하여 등에 진땀이 났는데, 지금도 그 당부를 잊을 수가 없네."

제4조 부임지로 향하다[계행(啓行)]

부임 도중에도 위엄 있고 온화하며 간결하고 과묵하기를 마치 말 못하는 사람처럼 해야 한다.

"계행은 부임지를 향해 길을 떠나는 것을 말하네. 행차는 반드시 새벽 일찍 출발하고 저녁에는 일찍 자도록 해야 해. 말에 오르자 동이 트고 말에서 내릴 때 해가 아직 지지 않았으면 적당하네. 아전을 불러 이렇게 시키면 좋겠지. '하인들이 밥을 먹은 뒤에 내 밥상을 올리고, 말에 오르자 동이 틀 정도면 적당하니 알아서 거행하라.' 하인들의 사정을 잘 모르는 수령은 미리 약속도 없이 일찍 일어나 밥을 재촉하고 곧장 말 위에 오르니, 하인들은 밥상을 받아 놓고 먹지도 못한 채 일어나는 경우가 많네.

길을 갈 때는 말을 빨리 몰면 안 되네. 말을 빨리 몰면 성질이 급한 사람으로 보이기 때문이지. 길이 구불구불한 곳에서는 돌아보지 말아야 하네. 돌아보면 말 탄 아전들이 진흙구덩이라도 말에서 내려야 하니, 이것도 신경써야 해. 뒤를 돌아보지 않아야 할 뿐만 아니라 형편에 따라서는 못 본 척 고개를 슬쩍 돌려줌으로써 아전들이 안심하고 움직일 수 있게 해 주는 것이 좋네. 도중에 비록 몸을 굽히지 않은 아전이 있어도 혼내지 말고, 묵묵히 말 못하는 사람처럼 해야 한다네.

또 부임 행차에는 백성들의 눈과 귀가 다 쏠리니 신중하지 않을 수가 없다네. 우리나라 풍속에 권마성(勸馬聲)이라는 것이 있어. 수령이 행차할 때 위세를 높이기 위해 앞에 선 하인들이 목청을 뽑아 길게 외치는 소리지. 행차가 교외에 도착하면 아전을 불러 '나는 권마성을 매우 싫어한다. 마을을 지날 때 한 번만 하고, 읍이나 역을 지날 때도

세 번 이상은 하지 말라. 만일 이 횟수를 넘기면 네 죄다.'라고 하면 될 것이네.

《시경》에 이르기를, '그대 전장(戰場)에 가신다는데 소문만 듣고 행군 소리 못 들었네.'라고 했는데, 군자의 행차는 이처럼 엄숙해야 하네. 우리나라 풍속은 떠들썩한 것을 좋아하여, 여러 하인들이 벼슬아치를 둘러싸고 쓸데없는 소리를 마구 해대니 백성들이 볼 때 엄숙하고 위엄 있는 기상이 없어 보인다네. 근엄하고 생각이 깊은 사람이라면 이런 소리를 좋아하지 않을 걸세. 백성을 위해 수령이 있는 것이므로 비록 말을 타고 있을지라도 지혜를 짜내고 정신을 집중하여 백성에게 이로운 정사에 대해 생각해야 하네.

행차가 교외에 이르면 아전을 불러 '길에서 선비를 만났을 때, 선비가 나 때문에 말에서 내리는데 너희들이 말에서 내리지 않으면 그 죄는 네게 있다. 비록 걸어가는 사람이라도 양반이 분명하면 말에서 내려야 한다. 혹시 문제가 생기면 너에게 벌을 주겠다.'라고 다짐해 놓아야 하네. 요즘에는 아전들이 교만해져서 심지어 조정 관리나 명망 있는 선비가 수령을 만나 말에서 내리는데도, 수행하는 아전들은 본체만체 말을 달려 돌아보지도 않는다네. 그리고 수령은 이를 감싸고 훈계하지 않으니, 비난과 원망하는 소리가 많아. 그러니 아전 단속은 반드시 엄하게 해야 한다네."

부임 도중 들르는 고을에서는 그 고을 수령의 경험을 귀담아 듣고 목민의 방법을 배워야지, 웃고 놀면서 밤을 새워서는 안 된다.

"부임지가 속해 있는 도의 여러 고을 수령들은 모두 동료로서 서로 우애가 있다네. 그러니 원한을 품은 집안 사이가 아니면 마땅히 그들을 방문해야 하네. 그대로 지나쳐서 다른 수령들에게 교만한 사람으로 보여서는 안 된다네. 다른 수령들은 고을살이한 지 오래되어 그곳 풍속과 인정, 폐단과 백성의 고통 등을 잘 알 테니, 반드시 자세히 물어서 견문을 넓혀야 하네."

취임 전 하룻밤은 이웃 고을에서 자는 것이 좋다.

"《치현결(治縣訣, 영·정조 때 쓰여진 목민서)》을 보면, '취임 전 하룻밤은 반드시 이웃 고을에서 묵고, 자기 고을에서 묵지 않는 것이 좋다. 새로 오는 수령의 행차에는 수행하고 맞이하는 사람이 많기 때문에 부임할 고을에서 자면 그 고을 백성들이 피해를 입는다.'라고 했다네."

제5조 취임하다[상관(上官)]

취임할 날을 반드시 가려서 고를 필요는 없다. 비가 내릴 경우
에는 개기를 기다리는 것이 좋다.

"대부분 수령들이 길일(吉日)을 골라 취임할 날을 정하는데도, 봉고
파직(封庫罷職, 부정을 저지른 수령을 파면하고 관가 창고를 봉하여 잠그는 일)을
당하거나 감사의 평가에서 낮은 등급을 받아 물러나기도 하고, 사고
로 그만두는 경우도 있네. 날을 정하여 취임했음에도 아무런 효과가
없는데, 왜 그것을 따르는지 모르겠네."

다산 선생께서 이어서 말씀하셨다.

"매번 보면 새로 부임할 수령이 고을 가까운 곳에 도착했는데도,
하루에 한 역밖에 가지 않거나 계속 늦추면서 길일을 기다린다네. 고
을에 있는 아전들은 수군거리고 비웃으며, 새로 올 수령의 슬기롭지
못함을 눈치챌 거야. 또 행차를 수행하는 이들은 집 생각에 마음이
초조한데, 앉아서 노자만 낭비하니 원망이 크겠지. 길일이 도리어 원
망을 사게 만드니, 길일을 택하는 것이 무슨 의미가 있겠는가?"

말씀을 들은 재용은 그 말이 맞다고 생각했다.

"다만 부임하는 날 비바람이 치거나 어둠이 깔린 날씨면 백성들의
마음을 새롭게 할 수 없으니, 잠시 맑은 날을 기다리는 것이 좋네."

취임하면 그 고을 벼슬아치들의 참알(參謁)을 받는다.

"참알이란 고을 벼슬아치들이 수령에게 인사드리는 것을 말하네. 업무의 시작을 알리고 일 처리에 대해 보고하는 것으로, 매일매일 한다네."

"일종의 업무 보고 같은 것이네요."

"그렇지. 처음 취임해서는 좌수에게 이렇게 말해야 하네. '급하지 않은 공무는 관아에 나와 일을 시작할 때(첫 참알이 있고 3일 뒤부터 시작)까지 기다리고, 매우 급한 공무는 비록 오늘 내일이라도 개의치 말고 아뢰어도 좋다.'

수령이 처음 취임하면 반드시 음식을 올려 제사를 지내야 하는데, 제사 물품은 정해진 것보다 많지 않도록 단단히 일러두어야 하네.

조례를 아침 일찍 하는 것은 옛날부터 내려오는 예법이지. 군현이 비록 작더라도 조례는 꼭 해야 하네. 흔히 보면 요즘 수령들은 생활하는 데 절도가 없어서 해가 높이 떠오를 때까지 잠들어 있고, 아전이나 장교 등 담당자들은 문밖 느릅나무, 버드나무 그늘 아래서 서성이고, 송사(訟事)하러 온 백성들은 기다리다 못해 하루 품을 버리게 되네. 모든 사무가 늦어져 엉망이 되니 이는 옳지 못한 일이야. 또 수령이 너무 일찍 일어나도 아전들이 괴로우니 이 점도 조절해야 하네."

"그러면 참알은 매일 빠지지 말고 해야 했나요?"

"아닐세. 비나 눈이 와서 땅이 질척거리면 참알을 하지 않는 것이 좋네."

이튿날 향교에 나아가 공자의 사당에 절하고, 사직단(社稷壇, 토지 신과 곡물 신에게 제사 지내는 제단)으로 가서 공손히 예를 올려야 한다.

"이날은 동트기 전에 일어나 횃불을 들고, 향교에 가서 촛불을 켜놓고 절을 한다네. 그리고 나서 단 위에 올라가 예를 갖추고, 다시 동쪽 사당과 서쪽 사당에 가서 예를 갖추지. 그런 다음 명륜당(明倫堂, 유학을 가르치는 강당)에 앉아 유생들을 불러 서로 인사를 나눈다네. 그리고 사직단으로 가서 예를 올린 다음, 예방을 여단(厲壇, 제사를 못 받는 귀신들에게 제사 지내는 곳)과 성황당(城隍堂, 서낭신을 모신 집)에 보내어 예를 올리고 오도록 한다네.

한 고을의 귀신 가운데 사직단의 신이 가장 중요한데, 요즘 수령들은 전혀 정성을 들이지 않으니 옳지 못해. 여단이나 성황단도 자신이 직접 가지는 않더라도, 수령은 모든 귀신을 모시는 데 주관하는 사람이니 취임 초기에 마땅히 예를 갖추어 보살펴야 하네. 그런 뒤에 돌아와 참알을 받아야 하지."

제6조 업무를 시작하다[이사(莅事)]

다음 날 새벽 일찍 자리에 앉아 업무를 시작해야 한다.

"목민의 일은 한시도 미뤄서는 안 되기 때문에 부임한 다음 날 당장 업무를 시작해야 하네."

"어떤 일부터 시작하지요?"

"공문서 처리가 중요하므로, 상사(上司)에 올리는 보고 문서 가운데 예전 사례에 따라 괜찮은 것은 곧바로 서명 날인하고, 옳고 그름을 따져야 할 것은 아전들이 만든 문서를 바탕으로 다듬어서 아전들에게 다시 쓰게 해야 해.

백성들에게 내리는 명령은 단 한 글자, 반 구절이라도 함부로 서명 날인해선 안 되네. 반드시 6전 36조[1]를 참고하여 일일이 검토한 뒤 조금이라도 거짓이나 허위가 없음을 분명히 하여 서명 날인해야 하네. 의심나는 것에 대해서는 아랫사람에게 묻는 것을 부끄럽게 여기지 말고, 이방이나 담당 아전을 불러 자세히 조사하여 사건의 앞뒤를 분명히 검토한 뒤에 서명 날인하는 것이 옳아. 어리석은 사람일수록 아는 체하며 아랫사람에게 묻는 것을 창피하게 여겨, 의심나는 것도

---

1) 조선 시대 6조(이조·호조·예조·병조·형조·공조)의 국무를 수행하는 데 근거가 되었던 법전. 이전, 호전, 예전, 병전, 형전, 공전이 있고, 각 전마다 6조가 있다.

대충 넘긴 채 문서에 서명만 착실히 하지. 그러다 아전들의 술수에 빠지는 사람들이 많다네.

고을의 예전 사례 가운데 시행한 지가 오래되었으나 아주 불합리한 것은 급하지 않으면 책상에 놓아 두고 고칠 방도를 깊이 생각해야 하네. 만약 기한이 급한데 쉽게 고칠 수 없는 것은, 일단 명령을 내려놓고 천천히 고치도록 해야 할 것이야. 또 부임 길에 잘못을 저지른 수행원은 이날 조사하여 훈계하고 풀어 주되, 매질할 것까지는 없네. 혹시 용서할 수 없는 자는 가두어 뒤에 처리해야 하네. 취임한 지 10여 일 사이에는 형벌을 가하지 말아 한결같이 너그럽고 온화하며 사납지 않은 사람으로 알려지는 것이 좋을 거야."

이날 유생과 백성들에게 명령을 내려 고을의 폐단을 묻고 여론을 조사해야 한다.

"부임한 수령이 일을 처음 시작할 때 고을의 폐단을 없애지 않으면, 중간에 없애기가 쉽지 않은 법이네. 따라서 일을 시작하면서 바로 공문을 내려 말해야 하네. 그 내용은 이렇게 하면 좋겠지."

부임한 현령이 알린다.
본관은 능력이 부족함에도 나라의 은혜를 입어 이 고을에 부임하여, 자나깨나 근심하고 걱정하면서 어찌할 바를 모르고 있다. 만일 묵은 폐단이나 새로운 잘못이 있어 백성에게 고통이 되는 것은, 한 방(坊, 행정 구역 단위로 지금의 동과 비슷함)에서 일을 잘 아는 5,6명이 한 곳에 모여 상의하고, 그 결과를 조목조목 자세히 문서로 작성해서 가져오라. 한 고을 전체의 폐단이나 한 방 또는 한 촌의 괴로운 사정은 각각 한 장에 모아서 쓰되, 한 방에서 한 문서씩 갖추어서 오늘부터 7일 안에 한꺼번에 와서 바치라.

아전, 군교, 토호들 가운데 이를 싫어하는 자가 있어 뒤에 닥칠 화가 두려워 말하려 들지 않는다면, 수령이 폐단을 묻는 본래의 뜻에 어긋나는 일이다. 각각 얇은 겉봉을 만들어 풀칠하여 봉하고 밖에 표시를 한 다음 정한 날 정오에 동시에 들어와 본관에게 직접 바치라. 만약 간사한 자가 읍내에 오래 머물면서 이 문서들을 바꿔치거나 빼내면 엄벌에 처할 것이니 모두 자세히 알라.

여론을 수집하긴 쉬우나 잘 고치기는 매우 어려운 일이다. 고칠 수 있는 것은 고치고, 고칠 수 없는 것은 그대로 둘 수밖에 없다. 오늘 너무 들떠 함부로 행동하지도 말 것이며, 나중에 실망하지도 말 일이다. 고을의 사사로운 폐단을 개인 감정으로 부풀리고 그 사실을 감추거나 뜬소문을 꾸미는 사람이 있으면, 끝내 벌을 받게 될 것이니 모두가 조심하라.

부임한 날 백성들의 고소장이 들어오면, 그에 대한 판결문을 간결하게 작성해야 한다.

"《치현결》에 이렇게 적혀 있네. '백성이 와서 호소하는 것은 억울함이 있기 때문이다. 군포의 일로 호소하면 나의 군정이 잘못된 것이요, 전세(田稅) 문제로 호소하면 나의 전정이 잘못된 것이요, 부역에 관한 일로 호소하면 내가 부역을 공평하게 처리하지 못한 것이요, 창곡(倉穀, 창고에 쌓아둔 곡식)의 일로 호소하면 내가 재산 관리를 잘못한 것이요, 심한 수탈을 당하고 호소하면 내가 토호들을 잘 다루지 못한 것이요, 백성들이 재물을 빼앗기고 호소하면 아전들을 제대로 단속하지 못한 것이다. 백성이 호소하는 내용을 보면 다스림의 잘잘못을 알 수 있다. 정치하는 사람이 기강을 바로잡으면 백성들의 억울함은 저절로 없어질 것이니, 무엇 때문에 시끄럽게 고소장을 내려고 하겠는가?'"

"송사는 없을수록 좋은 것이군요."

"백성을 다스림에 어찌 송사가 없을 수 있겠는가. 다만 송사가 생길 경우, 정확하게 조사하여 현명하게 해결하는 것이 목민관의 일이라네."

이날 명령을 내려 백성들에게 몇 가지 약속을 하고, 관아 바깥

문설주 위에 특별히 북을 하나 걸어 둔다.

"《운곡정요(雲谷政要. 조선 중기 문신 이광좌가 쓴 목민서)》에 이렇게 쓰여 있네. '호소하려는 백성이 마치 제 부모 집처럼 친숙하게 오가고, 백성들의 상황을 잘 알아 막힘이 없어야 백성의 부모라 할 수 있다. 수령이 밥을 먹거나 목욕하고 있을 때라도 호소할 수 있도록 문지기가 이를 막지 않아야 하며, 이를 어긴 문지기는 곤장을 쳐야 할 것이다.'"

"그래서 문지기가 막을 때 호소할 수 있도록 문설주에 북을 달아 두었군요."

"그렇지. 새벽이나 저녁 아무 때라도 와서 이 북을 두드리면 관에서 불러 물어볼 수 있도록 한 것이지.

장횡거(張橫渠. 본명은 장재. 북송 때 성리학의 기초를 마련한 유학자)가 운암 현령이 되었을 때 일일세. 그는 포고문을 내릴 때마다 백성들이 그 내용을 자세히 알지 못할까봐, 마을 대표들을 관아로 불러 거듭 가르쳐 주고 돌아가 알리게 했지. 그리고 일이 있어 관아에 오거나 길에서 만난 백성들에게 반드시 그때 명령한 일을 들었는지 묻고, 들었다 하면 그냥 지나가고 못 들었다 하면 그 포고문을 받은 마을 대표에게 벌을 주었어. 그리하여 관에서 포고문이 나가면, 어리석은 백성이나 어린아이까지도 그 내용을 모르는 사람이 없었다네."

관청 일은 정해진 기한이 있는데, 그 기한을 믿지 못하면 백성들은 관청의 명령을 우습게 알 것이니 기한은 반드시 믿도록 해야 한다.

"관청 일을 진행할 때는 정해진 기한을 지키는 것이 무엇보다 중요하네. 생업에 바쁜 백성들에게 기한을 알리고 일깨워 주는 것도 게을리 해선 안 되지. 백성을 제대로 이끌기 위해서는 먼저 약속을 분명히 한 뒤 세 번 알리고 다섯 번 일깨워 주되 그 기한을 넉넉하게 잡아서 여유 있게 처리할 수 있도록 해야 한다네. 그런 뒤에도 그것을 어기는 자가 있다면 약속대로 처벌을 해야겠지. 그리하면 딴소리를 못할 것이네."

"그런데도 어기면 어떻게 하죠?"

"가장 좋은 방법은 약속을 일깨워 주고 넉넉하게 기간을 주어 지키게 하는 것이지만, 그런 뒤에도 어기면 규칙대로 해야 하지 않겠나?"

"벌을 준다는 말씀인가요?"

"방법은 고을마다 다르겠지만, 관청이 원칙 없이 일을 진행한다면 어떻게 그 많은 일들을 처리할 수 있겠나? 다만 거리가 먼 경우에는 다른 사정으로 늦을 수도 있으니, 조금 더 시간 여유를 줘야 할 것이네."

이날 책력에 맞추어 작은 책자를 만들고, 모든 업무의 기한을 기록하여 잊지 않도록 미리 준비해야 할 것이다.

"주자(朱子, 본명은 주희. 남송 때의 대표적인 유학자이며 성리학의 집대성자)는 '관청에는 당연히 방통력(旁通曆, 업무 일지의 하나)을 두고 날마다 일의 진행 상황을 하나하나 적어야 하는데, 일을 마치면 즉시 표시하고 마치지 못했으면 바로 마무리하도록 조치하여 업무에 무리가 없도록 해야 할 것이다.'라고 말했네."

"그날그날의 업무를 적어 놓는 것이 중요하다는 말씀이군요."

"물론이지. 모든 일을 다 기억할 수는 없으니 마땅히 적어 놓아야 일 처리가 그때그때 이루어지지 않겠나? 내가 쓴 《상산록(象山錄)》에도 '옥에 갇힌 죄수에 관한 일은 형리가 맡아 정리하고, 세금 걷는 기간은 담당 아전이 맡아 정리하고, 백성들을 불러들이는 기한은 시중드는 사람이 맡아 정리한다. 상사가 재촉할 때도 기한이 있으니, 이는 이방이 맡아 정리한다. 이런 모든 일은 적어 두고 날마다 펼쳐 보며 자신을 일깨워야 하는 것이다.'라는 구절이 있다네."

이튿날 경험 많은 아전을 통해 화공(畵工)을 불러서 그 고을의 사방 경계를 표시한 지도를 그리게 한 뒤 관아의 벽에 걸어 두어야 한다.

"《치현결》에서 이렇게 말했네. '지도에서 강줄기와 산맥은 실제와 꼭 닮도록 해야 하고, 동서남북과 사방의 방위는 각각 표시하여 나눈다. 마을 이름과 고을 이름도 모두 표시하며, 사방 도로의 길이, 큰 길과 작은 길, 다리, 나루, 고개, 정자, 주막, 사찰 등을 모두 그려 넣어야 한다. 이것으로 풍속을 살필 수 있고, 고을 사정을 헤아릴 수 있으며, 또한 아전과 백성들이 다니는 길도 알 수 있을 것이다.'"

도장의 글자는 흐리거나 닳지 않아야 하며, 화압(花押)은 조잡해서는 안 된다.

"새긴 글자가 분명하지 않으면 아전들이 나쁜 마음을 먹기 쉽다네. 아전들은 '도장을 바꾸는 자는 벼슬이 빨리 갈린다.'라는 말도 안 되는 소문을 퍼뜨리지. 어리석은 수령은 이 말을 곧이듣고 감히 도장을 새로 만들지 못하고는, 글자가 뭉그러져 획도 없는 도장을 되는 대로 찍네. 그러니 호박 껍질이나 죽순 조각으로 찍어도 공문서가 되고 계약서도 되니, 사람들이 어찌 분별할 수 있겠는가. 그러므로 부임 초에 도장 글씨가 분명치 않으면, 당장 예조(禮曹)에 보고하여 다시 만들도록 하되 열흘을 넘기지는 말아야 해."

이어서 말씀하셨다.

"화압은 도장 대신 쓰는 일정한 글자인데, 손으로 쓰는 것을 말하네."

"도장 대신 쓰는 서명이군요."

"그렇지. 화압도 긋는 방법이 성글고 조잡하여 쓸 때마다 같지 않으면 아전들이 나쁜 마음을 먹어 폐단이 생길 수 있으니 반드시 조심해야 하네."

3. 목민관의 자기 수양[율기 6조]

律己 3. 목민관의 자기 수양[율기 6조]

율기(律己) 6조는 칙궁(飭躬), 청심(淸心), 제가(齊家), 병객(屛客), 절용(節用), 낙시(樂施)로 되어 있다. 칙궁은 목민관이 몸과 마음을 단속한다는 뜻이다. 청심은 말 그대로 청렴한 마음이며, 제가는 목민관이 집안을 다스리는 방법에 관한 것이고, 절용은 비용을 절약하는 것이다. 병객은 별일 없이 찾아오는 손님이나 청탁을 물리치는 것이며, 낙시는 주위 친척이나 친구들에게 기꺼이 베푸는 것을 말한다. 율기 6조는 목민관의 철저한 자기 관리를 다룬 장이라고 할 수 있다. 몸가짐부터 시작하여 청렴한 마음, 절약하는 생활, 청탁을 물리치고 베푸는 삶을 실천하도록 하나하나 상세하게 밝히고 있다.

제1조 몸가짐을 바르게 하다[칙궁(飭躬)]

행동거지에 절도가 있고 의복은 단정해야 하며, 백성들을 대할 때는 위엄 있게 하는 것이 옛부터 내려온 수령이 마땅히 지켜야 할 도리다.

"동트기 전에 일어나서 촛불을 밝히고, 세수한 뒤 옷을 단정히 입고 조용히 앉아 경건한 정신을 길러야 하네. 그리고 나서 생각을 정리하여 오늘 업무의 차례를 정해야 하지. 어떤 문서를 먼저 처리할지, 다음에 어떤 명령을 내릴지 마음속에 미리 생각해 두어야 해. 제일 먼저 할 일의 처리 방법을 생각하고 다음 할 일을 생각하되, 개인적인 욕심을 끊고 한결같이 천리(天理)를 따르도록 노력해야 하네. 천리란 올바른 원칙을 말하는데, 거기서 멀어지면 개인적인 욕심에 빠지게 되네."

이어서 말씀하셨다.

"날이 밝아 하인이 업무 시간이 되었다고 아뢰면, 창을 열고 관리들의 업무 보고를 받는다네. 백성을 만날 때는 항상 검은 사모(紗帽, 관복을 입을 때 쓰던 관원의 모자)를 쓰고 푸른 창의(氅衣, 관원의 평상 웃옷)를 입어야 하네. 가끔 소탈하여 구속을 싫어하는 관리 가운데 종건(椶巾, 말총으로 만든 건)만 쓰고 협수의(夾袖衣, 지금의 두루마기와 같은 옷의 한 가지)

를 걸치거나, 또는 망건도 안 쓰고 버선도 신지 않은 채 아전과 백성을 대하는 경우가 있는데, 이는 크게 잘못된 행동이네."

"의복에서부터 예의를 갖추어야 한다는 말씀이군요."

"그렇다네. 그리고 관청에서 물러나오는 시간은 가을과 겨울에는 조금 늦게 하고 봄과 여름에는 조금 이르게 해야 한다네."

말을 많이 하지도 말고 불쑥 화를 내지도 말아야 한다.

"윗사람의 행동은 아랫사람들에게 쉽게 알려지기 마련이네. 그러므로 소문이 방에서 문으로, 문에서 고을로, 고을에서 사방으로 퍼진다네. 마음에 들지 않는다고 화를 내면 끝이 없으니, 군자는 집에 머물 때에도 화를 내지 말아야 하며 관청에서는 더욱 화를 내선 안 되네. 백성의 윗사람이라 동작 하나 말 한 마디까지 아랫사람들이 모두 엿듣고 살펴보다가 사방으로 퍼뜨리니 어찌 조심하지 않겠는가. 시중드는 아이가 비록 어리고 하인이 어리석다 해도, 여러 해 관청에 있어서 눈치가 보통을 넘으니 엿보고 살피는 것이 귀신 같네. 관청 문만 벗어나면 세세한 것까지 소문을 낸다네."

"말 한 마디도 조심해야 한다는 말씀이군요."

"그렇지. 그래서 정선(鄭瑄, 명나라 관료이자 학자로 목민서인《작비암일찬》을 씀)이 말하길 '수령이 되면 몸은 화살의 표적이 되므로, 말 한 마디 행동 하나까지 조심해야 한다.'라고 했네. 성급하여 화를 잘 내는 사람은 평상시 '노즉수(怒則囚)' 세 글자를 반드시 마음에 새겨 두어야 하네."

"'노즉수'가 무슨 뜻이죠?"

"'화가 나거든 가두어라.'라는 뜻으로, 화가 날 때는 깊이 생각하고 참으라는 말이지. 정선은 '화가 났을 때는 체면을 생각하지 않고 말하기 때문에, 뒤에 생각하면 자신의 좁은 속을 모두 드러낸 셈이 된다.'라고 했네. 그러니 자신의 감정을 다스릴 때 하룻밤 정도 생각하거나 사흘 동안 생각한다면 실수가 없을 것이니, 다른 사람은 화를 면해 좋고 나는 허물이 없게 되니 좋지 않겠나?"

아랫사람을 너그럽게 대하면 순종하지 않는 백성이 없다. 그런 까닭에 공자는 "윗사람이 너그럽지 못하고 공경하여 예를 행하지 않는다면, 내 그에게서 무엇을 더 볼 것이 있겠는가?"라고 했으며, 또 "너그러우면 많은 사람의 마음을 얻는다."고 하였다.

"사람들은 흔히 '관직 생활에는 위맹(威猛, 위엄이 있고 사나움)을 따르는 것이 가장 좋다.'라고 하는데, 이는 잘못된 말이야. 수령이 '맹(猛)'이란 글자를 마음속에 품고 있다면 스스로도 좋지 못할 텐데 어떻게 일을 제대로 할 수 있겠는가. 죄가 있다면 죄에 맞는 벌을 주면 그만이니 사나워야 할 필요가 없지. 왜 꼭 '위맹'이 있어야 하겠나? 나는 '유가(柔嘉, 부드러움과 아름다움)'라는 두 글자가 아주 마음에 든다네."

"부드럽고 아름답게 사람을 대하면 정말 사람들 사이가 좋아지겠네요."

"그렇지. 《시경》에 '부드럽고 아름다운 법도 있어, 좋은 태도 좋은 얼굴빛'이라 했는데, 이는 중산보(仲山甫, 《시경》에 나오는 인물로 주나라 대신)의 덕으로서 바로 유가의 뜻을 말한 것이야. 또한 '중산보는 부드럽다고 해서 삼키지 않고 강하다고 해서 뱉어내지 않으며, 홀아비나 과부도 업신여기지 않고 거칠고 사나운 자도 두려워하지 않는다.'라고 했네. 부드럽고 온화한 다음에야 포악함을 물리칠 수 있다는 뜻이지."

관청의 분위기는 엄숙해야 한다. 수령의 자리 곁에 다른 사람들이 있어서는 안 된다.

"수령의 지위는 존엄하여 여러 아전들이 그 앞에 엎드리고, 백성들은 관청 뜰아래 서 있다네. 어떻게 감히 다른 사람이 그 곁에서 참견할 수 있겠는가. 자식이나 친척, 귀한 손님이라도 물리치고 홀로 앉아 있는 것이 예에 맞는 것이네. 가끔 한가한 낮에 정당(政堂, 공적인 업

무를 보는 자리)에서 물러나 있거나, 고요한 밤에 일이 없을 때 불러서
만나 보는 것은 괜찮겠지."

이어서 또 말씀하셨다.

"관청은 존엄한 곳이라서 상복 입은 사람이나 승려 차림의 사람,
혹은 패랭이나 군복 차림의 사람은 들이지 말아야 하네. 시를 잘 짓
는 스님과 친하게 교류할 만하더라도 절에 가서 만나야지, 관청에 불
러들여서는 안 되네. 비록 절의 주지스님이라 해도 문안 인사 받는
경우를 제외하고는 공무를 보는 건물에 오게 해서는 안 돼. 만약 잘
못된 폐단을 보고받을 일이 있다면 문서로 보고하도록 해야 하네."

군자가 점잖지 않으면 위엄이 없으니, 백성의 윗사람이 된 자는
반드시 점잖아야 한다.

"점잖다는 것은 어떤 일을 당해도 당황하지 않는 것이네. 호랑이나
도둑이 나타나고, 수재나 화재가 나고, 담이 무너지거나 지붕이 떨어
지고, 가끔 지네나 뱀 따위가 눈앞에 떨어지거나 시중드는 아이가 잘
못하여 물을 엎지르고 술잔을 떨어뜨리는 등 갑작스런 일이 생기더
라도 단정히 앉아서 함부로 움직이지 말고 그 까닭을 차분히 살펴야
한다네. 일부러 그런 것이 아니라면 너그럽게 대하고, 그 까닭을 잘
살펴 행동해야 하네. 그래야 바른 행동이라고 할 수 있어."

술을 끊고 여색을 멀리하며, 노래와 춤을 물리치고 단정하고 엄숙하게 하기를 제사 지내듯 해야 한다. 놀고 즐김으로써 공무를 망치고 시간을 헛되이 보내서는 안 된다.

"선생님, 마음껏 놀지도 못하니 수령의 자리란 쉽지 않을 것 같아요."

"정선이 이렇게 말했지. '사람의 총명에는 한계가 있고 할 일은 끝이 없는데, 한 사람의 정신으로 많은 사람의 농간을 막기는 결코 쉽지 않다. 술과 여자에 빠지거나 시 짓고 바둑 두다 보면, 송사는 해를 넘기고 옳고 그름이 뒤바뀌어 소송거리가 날로 늘어날 것이다. 일거리도 더욱 많아질 것이니 어찌 한심하지 않은가? 닭이 울면 일어나 공무를 보되 집안일은 아예 물리치고, 술과 여자에게 빠져 자신을 해치지 말아야 한다. 무슨 일을 처리할 것인지, 어떤 공문을 띄울 것인지, 그리고 무슨 세금을 꼭 가려내야 하고 어느 죄수를 꼭 풀어 줘야 할지 등을 항상 잘 살펴 부지런히 처리해야 한다. 내일이 있으니 기다렸다 하자라는 태도가 없다면 다스려지지 않는 일이 없고, 수령의 마음도 편안해질 것이다.'"

"그럼 수령에게는 아예 여가도 없었나요?"

"수령도 고을 유생들이나 이웃 수령들과 함께 산과 강을 찾아 연회를 베풀면서 여가를 즐겼지. 그러나 수령은 놀 때도 조심하지 않으면 안 된다네. 이 역시 지나치면 백성들의 원망을 사지. 송(宋)나라 때 매지(梅摯)란 사람이 소주 고을을 다스릴 때 벼슬살이의 병통에 대한 글을 지었는데 보게나.

벼슬살이에는 다섯 가지 병통이 있다. 아랫사람에게서 거둬들여 윗사람에게 바치는 것은 조부(租賦, 세금을 거둬들이는 일)의 병통이요, 엄한 법조문을 함부로 사용하여 선악을 분명하게 못하는 것은 형옥의 병통이요, 밤낮으로 술잔치를 벌여 나랏일을 소홀히 하는 것은 음식의 병통이요, 백성의 이익을 빼앗아 자기 주머니를 채우는 것은 재물의 병통이요, 음악과 여색을 즐기는 것은 음란의 병통이다. 이 가운데 하나만 있어도 백성은 원망하고 신은 화를 낼 것이니, 편안하던 자는 반드시 병이 들고 병이 들면 반드시 죽을 것이다. 벼슬살이를 하는 사람이 이것을 모르고 풍토병을 탓하니, 이 또한 잘못된 것이 아닌가?

수령들도 술을 멀리하지는 않았네. 예의를 갖춰 술을 마시는 것을 나무랄 수는 없지. 그러나 술은 얻는 것보다는 잃는 게 많은 것 같네. 《상산록》에 쓴 것을 한번 보세."

술을 즐기는 것은 모두 객기(客氣)다. 세상 사람들은 이를 잘못 생각하여 맑은 취미로 여기지만, 객기가 오랜 습관이 되면 주정뱅이가 되어 끊으려 해도 끊지 못하니 진실로 슬픈 일이다. 마시면 주정하는 사람, 마시면 말이 많은 사람, 마시면 잠을 자는 사람도 있다. 주정뱅이만 아니면 스스로 문제 없다고 생각하나, 잔소리나 군소리는 아전 등 아랫사람들을 괴롭히고, 술에 곯아떨어져 오래 누워 있으면 백성들이 원망할 것이다. 어찌 미친 듯 소리지르고 마구 떠들어대는 일이나 부당한 형벌과 지나친 곤장질만이 정사에 해를 끼친다고 하겠는가. 그러니 수령은 술을 끊지 않으면 안 된다.

치적(治績, 잘 다스린 공적)이 이루어지고 나서 모든 사람들이 진심으로 즐거워하면, 백성과 함께 풍류를 즐기는 것도 선배들이 했던 큰 일이었다.

"황간(黃幹, 송나라 때 관료. 주자의 제자이자 사위)이 안경부를 맡아 다스릴 때, 치적이 이루어져서 정월 보름에 등불놀이를 했다네. 백성들은 늙은이는 부축하고 어린애들은 손을 잡고 함께 했지. 한 노파가 있었는데, 나이가 100세였어. 두 아들이 가마로 모시고 손자들이 그 뒤를 따랐지. 황간이 예로 대하며 술과 안주를 내놓고 돈과 비단으로 위로하니, 노파는 '이 늙은이가 이 자리에 온 것은 고을 전체를 위해서 감사드리기 위함이지, 태수가 내려주시는 선물을 받고자 한 것이 아님니다.'라면서 받지 않고 갔다네. 이렇게 백성과 함께 잔치를 열고 위로한다면 본받을 만한 일이겠지.

그렇지만 이와 다른 경우도 있는데, 내가 유배되었을 때 본 것이라네. 강진 수령이 매우 사랑한 기생이 있었어. 그 기생이 사월 초파일에 등불놀이를 보고 싶어하자 명령을 내려 성 안에 등불을 달도록 하고, 등을 다는 대의 길이가 높은 사람에게는 상을 주기로 했네. 그러자 아전과 군교들이 포구로 나가 배 안의 돛대를 모조리 빼앗아 등불 다는 데 썼네. 먼 섬의 백성들은 어장에 조금이라도 늦게 나가면 안되었기 때문에 돈 주고 돛대를 다시 돌려받았는데, 배 한 대에 돈 2백 문(文, 조선 시대 화폐 단위로 1문이 1푼에 해당됨)씩을 내야 했기 때문에 원망하는 소리가 바다에 가득했지. 이처럼 수령의 행동은 어려운 것이니 조심해야 하네."

정당에서 글 읽는 소리가 들려오면 맑은 선비라 할 수 있다.

"임금이 수만 가지 나랏일로 바쁜데도 날마다 경연(經筵, 임금이 학식과 덕망이 높은 신하들을 불러 학문을 배우던 자리)에 나가고자 하는 것은 성현의 교훈을 가슴에 받아들여 정치에 활용하고자 함이니, 그 이로움이 넓고도 크다네.

수령도 공무 중에 틈이 나면 《상서(尙書, 《서경》의 다른 이름)》, 《노론

(魯論, 한나라 때 노나라에서 전해진 논어)》, 《중용》, 《대학》 및 《송명신록(宋
名臣錄, 송나라 명신들의 언행을 모은 책)》, 《자경편(自警篇, 송나라 현인들의 행
적을 기록한 책)》 등의 책을 항상 읽고 외워야 하네. 그러나 글만 읽고
일을 처리하지 않는 자는 벼슬을 깎아내려야 해. 내가 말하는 것은
때때로 성현의 글 한두 장을 읽어 가슴에 새겨서 선한 마음을 갖도록
하라는 뜻이라네."

만약 시를 읊조리고 바둑이나 두면서 수령의 임무를 아전들에
게 맡겨 둔다면, 그것은 매우 잘못된 일이다.

"선조 때 김현성(金玄成)이란 사람이 여러 고을을 맡아 다스렸는데,
청렴하다고 소문이 났다네. 성품은 매우 너그러웠으나 실무에는 익
숙하지 못했지. 매질하는 것을 좋아하지 않았으며 담담하게 동헌에
앉아 종일 시를 읊곤 했네. 말 많은 자들이 '김현성은 백성을 자식처
럼 사랑하지만 온 고을 사람들은 원망하며 한숨 쉬고, 티끌만 한 것
도 개인적으로 쓰지 않지만 관청 창고는 바닥이 났다.'라고 하여 한
때 웃음거리가 되기도 했지."
"사람은 좋은데 공무를 소홀히 했군요."
"그래도 그건 나은 거야. 요즘 수령들은 관청에서 아전이나 그 고
을 건달들, 혹은 하인들과 어울려 투전놀음으로 날을 보내고 밤을 새

워 수령 체면이 말이 아니니, 어찌하면 좋겠나."

전례에 따라 일을 줄이고 대체(大體)만 잡는 것도 한 가지 방법이
기는 하다. 그러나 당시 사람들의 인정이 맑고 온화하며, 지위
도 높고 명망 또한 두터운 사람만이 그렇게 할 수 있다.

"한나라 고조(高祖) 때 문신인 육가(陸賈)가 말하길 '군자가 다스리는
고을에는 힘든 일이 없고, 원망하는 소리가 없어 고요하다. 관아에
사람이 없는 듯하고, 마을에는 아전이 없는 것 같다. 역에는 급한 일
로 밤길을 달리는 역졸이 없고, 마을에는 밤중에 군사를 불러 모으는
일이 없다. 노인들은 집에서 맛있는 음식을 먹고, 장정들은 들에서
밭갈이를 한다.'라고 하였네."

"무슨 뜻이죠?"

"한나라 초기에는 진(秦)나라의 가혹한 정치가 있은 뒤였기 때문에
백성들과 함께 휴식을 취하고자 했지. 그래서 이와 같이 말한 것이라
네. 그러나 평범한 사람들이 이것을 흉내 내어 손 놓고 앉아 아무 일
도 하지 않으면 모든 일이 잘못될 것이니, 그렇게 하면 안 되네."

"무엇이 대체고, 어떻게 해야 대체를 잡는 건가요?"

"대체란 수령이 다스리는 큰 줄거리를 말하지. 급암(汲黯, 한나라 무
제 때 신하)이 동해 태수가 되었을 때, 백성을 다스림에 맑고 깨끗한

것을 좋아하여 아래 관리를 잘 골라서 일을 맡기고, 자신은 대체만을 살필 뿐 조금도 까다롭게 하지 않았네.

급암이 병이 들어 한 해 동안 안방에 누워 밖에 나가지 못했는데도 동해 지방은 잘 다스려졌지. 급암은 평소 위엄과 명망이 두터웠으며, 사람을 제대로 살펴 일을 맡겼기 때문에 이와 같이 잘 다스려질 수가 있었던 거야. 평범한 사람이 이 방법을 따라 하다가는 집집마다 걱정하고 한숨 쉬는 소리가 날 걸세."

제2조 청렴한 마음을 갖다 [청심(淸心)]

청렴은 수령의 본분이요 모든 선의 근원이며, 모든 덕의 근본이다. 청렴하지 않고서 수령 일을 제대로 할 수 있는 사람은 지금까지 한 사람도 없었다.

"청백리(淸白吏)는 관리로서 최고의 영광이라네. 조선에서 청백리로 뽑힌 사람은 다해서 110명인데, 태조 이후 45명, 중종 이후 37명, 인조 이후 28명이고, 경종 이후로는 이렇게 뽑는 일마저 없어졌네. 4백여 년 동안 관복을 입고 조정에서 벼슬한 자가 몇 천 몇 만이나 되는데도 청백리에 뽑힌 자가 겨우 이것밖에 안 되니 사대부의 수치가 아니겠나?"

"청백리란 어떤 사람을 말하죠?"

"《상산록》에 쓴 내용이네. 들어 보게나."

청렴에는 세 등급이 있다. 가장 높은 등급은 녹봉 말고는 아무것
도 먹지 않고 남은 것이 있더라도 가지고 돌아가지 않으며, 돌아가
는 날에도 말 한 필만 가지고 검소하게 돌아간다. 이것이 옛날의 청
렴한 관리다. 그 다음은 녹봉 외에 그 명분이 바른 것은 먹되 바르
지 않은 것은 먹지 않으며, 먹고 남은 것은 자기 집으로 보내는 것
이다. 이것이 중세 때 이른바 청렴한 관리의 자세다. 가장 낮은 등
급은 이미 규정으로 정해진 경우는 비록 명분이 바르지 않더라도
먹지만, 규정이 정해지지 않은 경우는 먼저 나쁜 예를 만들지 않
는다. 향임이라는 지위를 팔지 않으며, 면제해 준 세금을 훔치지 않
고 곡식의 대출과 회수로 농간을 부리지 않으며, 송사나 옥사를 팔
아먹지 않고 조세를 더 내게 하여 나머지를 훔치지 않는 것이니, 이
것이 오늘날의 청렴한 관리다. 그런데 오늘날은 모든 악을 갖춘 사
람들이 물결처럼 넘치고 있다. 최상이면 참으로 좋지만 그렇게 할
수 없다면, 다음의 것이라도 좋다. 가장 낮은 등급은 옛날 같으면
반드시 심한 형벌을 받았을 것이다. 선을 좋아하고 악을 부끄럽게
여기는 사람이라면 결코 이렇게는 하지 않을 것이다.

"청백리의 정신이 어떤 것인지 마음에 와 닿습니다."

"그래서 예로부터 청백리를 높이 존경했고, 청백리로 기억되는 것을 크나큰 영광으로 여긴 것이야. 청렴하지 않고서 어찌 공직을 제대로 수행하고 백성들의 어버이라고 자처할 수 있겠는가."

청렴이야말로 천하의 큰 장사다. 그래서 포부가 큰 사람은 반드시 청렴하려고 한다. 사람이 청렴하지 못한 것은 지혜가 모자라기 때문이다.

"공자가 말하길 '마음이 어진 사람은 인(仁)을 편하게 여기고 지혜로운 사람은 인을 이롭게 여긴다.'라고 했네. 나는 '청렴한 사람은 청렴함을 편하게 여기고, 지혜로운 사람은 청렴함을 이롭게 여긴다.'라고 생각하네. 재물은 모든 사람이 크게 욕심내는 것이기 때문이지.

그러나 자신이 얻고자 하는 것이 재물보다 더 큰 것이어서, 재물을 버리고 취하려 하지 않는 사람도 있다네. 설사 재물을 얻는 데 뜻이 있더라도 마땅히 청백리가 되어야 하는데, 무엇 때문인지 아나? 집안 좋고 재주도 뛰어난 사람이 돈 몇 백 냥에 빠져 관직에서 쫓겨나고 귀양 가서 10년이 지나도록 등용되지 못하는 경우가 많다네. 비록 세력이 높고 때를 잘 만난 덕분에 형벌은 피할 수 있을지 몰라도,

여론은 그에게 침을 뱉고 명망은 땅에 떨어질 거네. 문신이라면 관각(館閣, 홍문관·예문관을 통틀어 이르는 말로 가장 명예로운 관직을 상징함)에 오르지 못하고, 무신이라면 장수가 되지 못할 걸세."

또 말씀하셨다.

"지혜가 높고 생각이 깊은 사람은 얻고자 하는 바가 크므로 청렴한 관리가 되고, 지혜가 짧고 생각이 얕은 사람은 얻고자 하는 바가 작아서 욕심이나 채우는 관리가 되니, 생각이 여기까지 미친다면 청렴하지 않을 사람은 없을 거야."

수령이 청렴하지 않으면 백성들은 그를 도적이라고 하며 마을을 지날 때 더럽다고 욕하는 소리가 드높을 것이니, 또한 부끄러운 일이다.

"정선이 이렇게 말했다네. '관리가 한 도적을 심문하면서 '네가 도둑질한 일을 한번 말해 보아라.'라고 하니, 도적이 시치미떼며 '무엇을 도적이라 합니까?'라고 물었다. 이에 '도적인 네가 그것도 모르느냐! 궤짝을 열어 재물을 훔치는 것이 도적이다.'라고 하니, 도적이 웃으며 '당신 말대로라면 제가 어찌 도적입니까? 당신 같은 관리가 진짜 도적이지요. 유생이란 분들이 과거시험 답안은 그럴 듯하게 외우면서도 일찍이 옛날과 지금을 서로 비교하여 연구하거나, 하늘과 사람의 이치를 연구하여 나라 살림이나 백성들에게 혜택을 베풀 생각은 하지도 않고 밤낮으로 권력을 잡아 일확천금할 생각만 합니다. 아버지와 스승이 가르치는 것과 친구들에게 배우는 것도 도둑질을 익히는 것뿐입니다. 관복을 입고 높이 앉아 아전들이 옆에 늘어서고 하인들이 아래에 좌우로 서 있으니 존엄이 마치 하느님과 같습니다. 벼슬은 이익에 따라 나오고, 정사는 뇌물로 이루어집니다. 이것이 바로 천하의 큰 도둑질입니다. 왜 팔짱을 끼고 앉아서 수만금을 긁어모으는 관리라는 큰 도적은 그냥 두고, 민간의 거지들과 좀도둑에게만 잘못을 묻는 겁니까?'라고 하니, 이에 관리가 이 도둑을 놓아주었다.'"

"공직자라면 깊이 새겨볼 만한 이야기네요."

뇌물을 주고받는 일을 누가 몰래 하지 않겠느냐만, 밤중에 한 일도 아침이면 드러난다.

"아전들이 은밀히 말하기를 '이 일은 비밀이라 아무도 모릅니다. 퍼뜨리면 제게 해로울 뿐이니 누가 감히 퍼뜨리겠습니까?'라고 하네. 수령은 그 말을 믿고 뇌물을 받지만, 아전들은 문밖에만 나서면 말을 퍼뜨리기 때문에 소문은 빠른 시간에 사방으로 퍼지지. 그러나 수령은 혼자 깊이 들어앉아 듣지 못하니 참으로 슬픈 일이야.

양진(楊震)이라는 후한 때 관리는 왕밀(王密)이라는 사람이 뇌물을 주면서 '어두운 밤이라 아무도 모릅니다.'라고 하자, '하늘이 알고 신이 알고 내가 알고 그대가 아는데, 어찌 아무도 모른다고 하오?'라고 꾸짖었지. 그러자 그 사람이 부끄러워하며 물러갔다네. 이렇게 모두가 알게 되는 것은 막을 수 없는 이치거늘, 쯧쯧."

혀를 차는 다산 선생의 얼굴에 깊은 그늘이 지는 것 같았다.

고을에서 생산되는 진귀한 물품은 반드시 그 고을에 폐가 될 것이기 때문에 돌아갈 때 하나도 가지고 가지 않아야만 청렴한 사람이라고 할 수 있다.

"예를 들면 강계의 인삼과 담비가죽, 경성 북쪽의 삼베, 남평의 부채, 순창의 종이, 담양의 채색 상자, 동래의 담배 기구, 경주의 수정, 해주의 먹과 남포의 벼루 같은 것들을 돌아오는 날 한 개도 가지고 가지 않는다면 청렴한 선비의 행장이라 할 수 있네. 진귀한 물건을 가지고 돌아온 자가 그것을 좌우에 늘어놓으면, 탐욕스럽고 더러운 빛이 뻗쳐 나와 다른 사람들이 대신 부끄러워진다네."

수령의 생일에 아전과 군교 등이 잘 차린 생일상을 바치더라도 받아서는 안 된다.

"아전과 군교들이 바치는 음식은 모두 백성에게서 나온 것이네. 생일을 핑계로 함부로 거둔 것이니 절대 받아서는 안 된다네. 어민에게서는 물고기를 빼앗고, 마을에서는 개를 때려잡고, 메밀과 기름은 절에서 빼앗고, 주발과 접시는 도공(陶工)의 집에서 그냥 가져온 것이니, 원망을 거두어 생일상을 차리는 셈이지. 수령의 부모 생신 때 바치는 물건은 더더욱 받아서는 안 된다네."

자기가 베푼 것은 말하지 말고 덕을 베풀었다는 표정도 짓지 말며, 다른 사람에게 이야기하지도 말아야 한다. 또 예전 수령의 허물도 말하지 말아야 한다.

"정선이 말했네. '청렴한 벼슬살이는 사대부의 본분이다. 청렴하기가 어려운 게 아니라 그 청렴을 드러내지 않는 것이 더욱 어려우며, 자기의 청렴함을 믿고 남을 얕보지 않는 것이 더욱 어렵다.' 이렇듯 자신이 베풀거나 청렴하게 행동한 것을 밖으로 드러내지 않아야 진정한 군자라 할 수 있네. 또한 예전 수령이 그런 은혜를 베풀지 않았다 하여 비난하는 것도 도리가 아니라네."

제3조 집안을 다스리다[제가(齊家)]

자신의 몸을 닦은 뒤라야 집안을 바르게 할 수 있고, 집안을 바르게 한 뒤라야 나라를 다스릴 수 있다는 것은 천하에 공통된 원칙이다. 한 고을을 다스리고자 하는 사람은 먼저 자기 집안을 잘 다스려야 할 것이다.

"한 고을을 다스리는 것은 한 나라를 다스리는 것과 같네. 자기 집안을 잘 다스리지 못하면서 어떻게 고을을 제대로 다스릴 수 있겠나? 수령이 집안을 잘 다스리는 데는 몇 가지 중요하는 것들이 있네."

"어떤 것들이죠?"

"첫째, 데리고 가는 가족의 수는 반드시 법대로 하고, 둘째, 행장은 반드시 검소하게 하며, 셋째, 음식은 반드시 절약하고, 넷째, 규문(閨門, 부녀자들이 지내는 곳)은 반드시 근엄해야 하며, 다섯째, 청탁 같은 것은 반드시 끊어야 하고, 여섯째, 물건을 사들일 때는 반드시 청렴하고 깨끗해야 하네. 이 여섯 가지 법도를 세우지 못한다면 수령의 정사가 어떤지 알 만하다네.

《속대전》에 '수령 가운데 가족을 너무 많이 데리고 간 자와 관가의 여자 노비와 몰래 간통한 자는 모두 찾아내서 파면한다.'라는 규정이 있네. 국법에서도 가족을 많이 거느리지 못하게 한 것이지. 하지만 그 규정이 분명하지 않으니 일정한 규정이 있어야 할 것 같네. 내 생각에 부모와 아내 외에 아들 한 명만 허용하고, 혼인하지 않은 자녀들은 계산에 넣지 않고 다 허용하도록 하면 될 것 같네. 사내종 하나, 계집종 둘 외에는 데려가지 못하게 하는 게 좋을 거야."

국법에 '어머니를 모시고 가서 봉양하면 관에서 비용을 지급하고, 아버지의 경우에는 그 비용을 주지 않는다.'라고 했는데, 거기에는 이유가 있다.

"수령의 아버지가 아들의 부임지에 가 있으면 수령의 친구들은 그의 아버지를 춘부(春府)라 부르고, 아전과 하인들은 대감(大監)이라고 부른다네. 대감이 나이 60세가 넘어 봉양을 받아야 할 처지라면 마땅히 봉양하려고 애를 써야 하지만, 그렇지 않은 경우에는 아들이 간절히 부탁해도 가볍게 따라나서지 말아야 하네."

"부모님께 효도하는 것인데도 그런가요?"

"만일 어쩔 수 없이 봉양해야 할 처지라면 내사(內舍)에 따뜻한 방한 칸을 마련하여 조용히 병을 치료하도록 하고, 외부인과는 만나지 않게 하는 것이 예에 맞는 일이라네. 흔히 보면 춘부가 예절을 몰라서 외사(外舍)에 나가 앉아 아전들과 관노들을 꾸짖고, 기생들을 희롱

하거나 손님들을 끌어들이는 경우가 있네. 심하면 송사와 옥사를 멋대로 하여 정사를 어지럽히니, 읍내에 원망하는 소리가 가득한 경우도 있다네. 이렇게 되면 자애와 효도를 다 잃을 뿐만 아니라 공과 사도 흐트러지니, 아버지가 부임지에 가는 경우는 비용을 주지 않는 것이라네."

따라오려는 사람이 많더라도 따뜻한 말로 작별하고, 사내종들이 많더라도 양순한 자만 고르며, 결코 개인적인 정에 이끌려서는 안 된다.

"친척과는 화목하게 지내야 하지만 거느리고 가서는 안 되며, 손님들도 당연히 잘 대접해야 하지만 불러들여서는 안 되네. 또 시중드는 하인이 고생을 많이 했어도 따라오게 해서는 안 된다네. 관가에 친지들이 들끓으면 안 된다는 점을 명확히 알게 하면 원망이 없을 거야."

부녀자들이 내려오는 날에는 그 짐을 아주 검소하고 간단하게 해야 한다.

"쌍마교(雙馬轎, 말 두 필이 끄는 마차)는 결코 아름다운 제도는 아니지만, 여자가 태어나면 쌍마교 탈 것을 축원한다네. 어머니를 모시는 사람이라면 사용하지 않을 수 없겠지만, 아내에 대해서는 반드시 그럴 필요는 없네. 식견 없는 부녀자들이 꼭 타려고 한다면, 남의 쌍마교를 빌려서 한 역 혹은 하룻길 정도만 가면 될 걸세. 하루만 쌍마교를 타더라도 출생 때의 축원을 이룬 셈이니, 꼭 열흘을 타야 마음이 흡족하겠는가? 어머니가 타는 가마와 아내가 타는 가마 외에 동행하는 사람과 말은 관가에서 쓰는 하인과 말을 써서는 안 되고, 집에 있는 하인과 말을 쓰거나 그렇지 않으면 사람을 사고 말을 빌려 타는 것이 예에 맞는다네."

"공무용을 개인적으로 사용하지 말란 말이군요."

물건을 살 때 값을 따지지 않고, 사람을 부릴 때 억압하지 않으면 규문이 존경을 받을 것이다.

"《상산록》에 보면 이런 내용이 있어. 법도가 없는 가정은 이방이나 창고 아전들이 항상 염석문(簾席門, 내아로 들어가는 문) 밖에서 무명, 삼베, 명주, 생모시 등의 보따리를 내아(內衙, 관가에서 부녀자들이 지내던 곳)로 들여보내 고르도록 하지. 그러면 사나운 노비들이 서로 분부를 전하면서 거칠다느니, 값이 비싸다느니 하며 가장 좋은 물건을 골라 싼값으로 팔라고 억지를 쓰네. 시끄러운 소리가 밖으로 흘러 나가고 그 얕은 속셈이 사람들 눈에 보여, 장사꾼은 밖에 나가 좋지 않은 소문을 사방에 퍼뜨리니 크게 부끄러운 일이라 할 수 있지.

마땅히 약속을 정해 삼베나 비단을 사들이는 권한은 이방보다는 우두머리 노비에게 주어야 하네. 그리고 우두머리 노비는 자신의 도장을 찍어 물품 목록과 함께 물건을 내아로 들여보내야 하지. 내아에서는 치수가 절반 정도 줄어들고 값이 배로 들더라도 되돌려 보내지 말고 말없이 그냥 받아들여야 가정의 법도에 어긋나지 않는다네. 또한 나쁜 소리가 밖으로 퍼지지도 않을 것일세.

또 식견 없는 부녀자들은 관가의 노비를 자기 종 부리듯이 하면서 매를 때리기도 하고 위세로 누르기도 한다네. 일을 시키면서 기간을 짧게 주고 심하게 매질을 하니, 원망과 비난이 퍼지게 되지. 이래서야 되겠나? 한 마디 말도 안에서 나가서는 안 된다네."

어머니의 가르침이 있고 아내와 자식들이 규율을 지키면, 법도 있는 집안이라 할 수 있고 백성들도 이를 본받을 것이다.

"바깥일에 참견하지 않는 것이 부녀자의 도리야. 그래도 만약 아전이나 관노들이 죄를 지어 심한 매질을 받게 될 경우에 어머니가 쪽지를 보내어 너그럽게 용서해 주도록 청하고 수령이 이에 감동해서 형을 가볍게 해 주면, 정사에도 방해가 안 되고 은혜는 부모에게 돌아갈 것이니 역시 좋은 일이네. 그러나 부인이나 자식들이 쪽지를 보내는 것은 안 되네.

자식들이 내려오면 으레 정문을 여는데, 그것은 예가 아니야. 마땅히 동쪽 작은 문으로 드나들게 해야 하네. 《예기》에 이르기를 '자식 된 자는 문 가운데에 서 있어도 안 되고, 길 가운데로 걸어서도 안 된다.'라고 하였네."

제4조 손님을 물리치다[병객(屛客)]

관청에 책객(冊客, 수령이 고용한 장부 관리자)을 두어서는 안 된다. 오직 서기 한 사람이 내아의 일까지 보살피도록 해야 한다.

"요즘에는 흔히 책객 한 사람을 두고 회계를 맡게 한 뒤 지출 장부를 기록하게 하는데, 이것은 법도가 아니야. 관청의 회계는 공용이든 개인용이든 다 기입해야 하는데, 이 모든 것은 아전이나 하인들과 관계 없는 것이 없네. 그런데 지위도 없고 명분도 없는 책객에게 관리하게 하면, 날마다 재정을 맡은 아전이나 하인들과 '많다', '적다', '거짓이다', '사실이다' 하며 시비를 할 텐데, 이것이 어찌 이치에 맞겠는가."

또 말씀하셨다.

"책객이 아전들이 속이거나 숨기는 것을 적발하면 그 원망이 수령 자신에게 돌아올 것이고, 더럽고 잘못된 일을 덮어 주면 그 피해 또한 수령 자신에게 돌아올 테니 무슨 도움이 되겠나. 자잘한 기록까지 지나치게 따질 것은 없네. 진실로 수령이 밝으면 아전들은 스스로 속이지 못하게 될 거야. 비록 좀도둑질이 있다 해도 1년 손실이 1만 전 (100냥)을 넘지 않을 것이네. 그런데 책객을 두었을 때 들어가는 1년 비용은 적어도 3,4만 전은 된다네. 소득이 손실을 보충하지 못하고 수령 자신에게 피해만 더 줄 뿐이니, 책객은 반드시 없애야 할 쓸모없는 혹이라네.

그러나 서기 한 사람만은 없앨 수 없으니, 수령의 집안일은 가재(家宰, 집안 하인의 우두머리) 한 사람을 두어 위아래를 이어 주고 안팎을 통하게 해야 하네. 잔일을 수령이 직접 주관하면 체면이 깎이고, 자식들이 맡아서 하면 오명을 쓰게 되기 때문에 가재는 두어야 한다네."

수령은 그 고을 사람이나 이웃 고을 사람을 관아로 불러들여 만나서는 안 된다. 관청은 마땅히 엄숙하고 맑아야 한다.

"관청 문을 담당한 아전들을 엄하게 단속하여 말하기를 '읍내 유생 가운데 향교 일을 담당한 자나 또는 새로 부임한 수령에게 방문 인사를 받은 자라도 들어오게 해서는 안 된다. 만약 어기면 네게 벌을 주겠다.'라고 해야 하네.

또한 지방의 문사라 일컫는 사람들이 과거시험에서 짓는 시나 글로 친분을 맺고 그것을 인연으로 농간을 부릴 수 있으니, 이런 사람들을 불러들여 만나서는 안 된다네.

다만 의원만은 물리치기가 어렵지. 내가 의술을 잘 모르고 의원이 잘 알면 어쩔 수 없이 때때로 부를 수밖에 없다네. 그러나 아주 조심해야 하며, 보수는 충분히 주되 그가 청탁할 수 있는 기회를 주어선 안 되네."

친척이나 친구가 그 고을에 많이 살면, 거듭 단단히 단속하여 서로 의심하고 헐뜯는 일이 없게 하여 좋은 정을 지키도록 해야 한다.

"친척이나 친구가 그 고을이나 이웃 고을에 살면 한 번은 초대하고, 한 번은 가서 보면 좋겠지. 그리고 때로 선물을 보내면서도 '날마다 보고 싶지만 예에는 한계가 있으니, 초대하기 전에는 절대 오지 마시길 바랍니다. 편지 왕래도 역시 의심과 비난을 살 수 있으니, 만일 질병이나 우환이 있어 알려야만 할 경우에는 몇 자 적은 편지를 풀로 붙여 봉하지 말고 직접 예리에게 주어, 공개적으로 받도록 해

주시기 바랍니다.'라고 해야 하네."

　잡인의 출입은 엄하게 금지해야 한다.

　"요즘 사람들은 흔히 중문을 활짝 열어 놓는 것을 덕으로 여기지만, 이것은 덕일지는 몰라도 정사는 할 줄 모르는 것일세. 수령의 직책은 목민하는 것이지 손님을 접대하는 것이 아니야. 생전에 한 번도 보지 못한 사람을 어찌 다 만나 줄 수 있겠는가? 문지기한테 '손님이 문밖에 오면 먼저 따뜻한 말로 기다리게 하고 조용하게 보고해서 처분을 듣도록 하라.'라고 다짐해 놓으면 실수가 없을 걸세."
　"수령을 찾아오는 사람들이 많으니 그렇겠군요."
　"《경국대전》에 보면 '별 이유 없이 사사로이 관청을 출입하는 사람은 곤장이 100대다. 오직 아버지, 아들, 사위, 형, 아우만은 이 규정에 들지 않는다.'라고 되어 있지. 국가에서 이렇게 금지하는데 선비가 이 법을 어찌 어기려 하겠는가."

제5조 비용을 줄이기 위해 노력하다[절용(節用)]

　수령 노릇을 잘하려면 반드시 자애로워야 하고, 자애로우려면 반드시 청렴해야 하며, 청렴하려면 반드시 절약해야 한다. 그러므로 절약이야말로 수령이 가장 먼저 힘써야 할 일이다.

"못 배우고 무식한 사람이 한 고을을 얻으면 건방져지고 사치스럽게 되어 절약하지 않네. 재물을 함부로 써서 빚이 날로 불어나면 반드시 욕심을 부리게 되지. 욕심을 부리면 아전들과 짜고 일을 꾸며 이익을 나눠 먹게 되고, 이익을 나눠 먹다 보면 백성들의 고혈을 짜게 되지. 그러므로 절약은 백성을 사랑하는 데 있어 가장 먼저 지켜야 할 일이라네.

안정복(安鼎福, 조선 정조 때 실학자로 《동사강목》을 썼음)은 이렇게 말했네. '수령이 부인과 첩을 데리고 부임지로 가지 않고, 자식들을 부임지에 오지 못하게 하고, 권문세가(權門勢家)를 섬기지 않고, 금세공장이와 목수를 불러들이지 않고, 금은보화를 탐내지 않으면 가난한 고을이라도 재정 부족을 걱정하지는 않을 것이다.'"

의복과 음식은 검소함을 법도로 삼아야 하니, 조금이라도 법도를 넘어서면 지출에 절제가 없어진다.

"의복은 성근 베옷으로 검소하게 입도록 힘써야 하네. 아침저녁 밥상은 밥 한 그릇, 국 한 그릇, 김치 한 접시, 장 한 종지 외에 네 접시를 넘지 않도록 해야 해. 네 접시는 구운 고기 한 접시, 마른 고기 한 접시, 절인 나물 한 접시, 젓갈 한 접시인데 이보다 많아서는 안 된다네.

자신의 일에는 힘쓰지 않으면서 맛있는 음식만 찾는다면 웃음거리가 될 거야. 경비를 함부로 쓰면 재정이 모자라게 되고, 재정이 모자라면 백성의 재물을 **빼앗게** 되지 않겠나? 처음 부임하여 어리석게 재정을 마음껏 쓰다가 점차 줄이는 자가 많네. 그렇게 되면 아전과 백성들이 그 일정하지 못함을 비웃을 거야. 그러니 수령이 어떻게 재정을 절약하지 않을 수 있겠나?”

아전과 노비들이 바치는 물건으로, 회계에 넣지 않는 것은 더욱 절약해야 한다.

“관청에서 쓰는 모든 물건은 백성의 노력에서 나오는 것이니, 회계에 넣지 않는 것은 잘못하면 백성을 크게 해칠 수 있다네. 하늘에서 비 오듯 내리거나 땅에서 물처럼 솟는 것이 아니니 비용을 절약하고 피해를 살펴 백성의 힘이 조금이나마 펴지게 해 주는 것이 좋지 않겠나?

채소, 오이, 박은 밭을 담당한 종이 바친다네. 이 공로로 으레 창고 노비가 되는데, 좁쌀이나 쌀을 백성들에게서 함부로 거두어 자기가 바치는 것의 부족한 부분을 채운다네. 그러니 그것을 금하지 않으면 백성들이 피해를 입게 되지. 그러나 갑자기 금지하면 창고 노비가 재산을 모두 잃게 될 것이니, 우선 근원을 맑게 하여 말단의 폐단을 막는 것이 바람직하네.

채소는 엄하게 법도를 정해서 매일 몇 근을 바치게 하되 더 많아서는 안 되네. 한 줌, 두 줌이나 한 묶음, 두 묶음 하는 것은 우리나라의 정확하지 못한 계산법이야. 마땅히 저울을 써서 '매일 무슨 채소 한 근'이라고 정하고, 그 밖에 더 쓰는 경우에는 모두 제값을 매겨서 주되 '무슨 채소 한 근은 값이 1푼' 하는 식으로 정해야 하네."

개인이 쓰는 비용을 절약하는 것은 보통 사람도 할 수 있지만, 관청 창고의 재정을 절약하는 이는 드물다. 공공 물건을 개인 물건처럼 아껴야 현명한 수령이다.

"고을마다 반드시 공용 재정이 있어서 여러 종류의 창고가 있네. 처음에는 공용이란 명목으로 만들지만, 그것이 오래되다 보면 개인 비용으로 쓰이는 잘못된 관례가 쌓이게 되어 그 낭비가 이만저만이 아니라네. 그것은 원래 공용이기 때문에 수령이 살피지 않으면 감독하는 아전과 창고를 맡은 종들이 온갖 방법으로 속여 도둑질을 하려 든다네. 재정이 바닥나면 또 계속 거둬들이니, 이는 각 도의 공통된 폐단이야."

"수령은 창고의 일까지도 다 신경을 써야 하나요?"

"수령은 한 고을을 다스리는 사람이네. 그 고을의 일 가운데 주관하지 않는 것이 없고, 책임 또한 윗사람에게 있으니 조목조목 밝게 살펴서 아주 작은 일이라도 적어 놓도록 해야지 그냥 넘겨서는 안 되네. 치밀하지 못한 법도는 항목을 고치고, 그릇된 관례는 고치거나 문제점을 보완하여 폐단을 영원히 없애는 것이 좋아."

수령이 바뀌어 돌아가는 날에는 반드시 기부(記付)가 있어야한다. 기부의 수는 미리 준비해야 한다.

"관청에 전해 내려오는 돈과 곡식 등 여러 재물을 모두 적어 놓는 장부를 중기(重記)라고 하네. 수령이 바뀌어 돌아갈 때는 임기 동안 쓰다 남은 것을 여기에 기록해 두는데, 이를 기부라고 해. 평소에 신경 쓰지 않으면 급할 때 어떻게 마련할 수 있겠는가. 그러니 매달 초하루와 보름 회계 때마다 관청에서 쓰는 여러 물품의 여유분을 어느 정도 갖추어 두었다가 갑자기 수령이 바뀌게 되었을 때를 대비해야 할 거야.

《치현결》에서 말하길 '관청의 부엌에서 쓰는 것은 모두 이미 달별로 나누어 주었으니, 그것보다 더 많이 쓰는 일이 없도록 하면 근심이 없을 것이다. 나머지 돈과 곡식은 항상 뒷날을 염려하여 함부로 쓰지 말아야 끝에 가서 걱정이 없게 될 것이다.'라고 했다네."

제6조 기꺼이 베풀다[낙시(樂施)]

절약만 하고 쓰지 않으면 친척이 멀어지니, 은혜 베풀기를 좋아하는 것이 바로 덕을 심는 근본이다.

"연못에 고인 물이 고이고 또 고이면 흘러 넘쳐 만물을 적셔 준다네. 그러므로 절약하는 사람은 남에게 은혜를 베풀 수 있지만, 절약할 줄 모르는 사람은 남에게 은혜를 베풀어 줄 수 없어. 기생을 불러 거문고 타고, 피리 불고, 비단옷 입고, 높은 말에 좋은 안장을 얹어 타며, 상관에게 아첨하고, 힘 있는 권문세족들에게 뇌물을 바치는 비용이 하루에도 수만 전이 넘고 1년 동안에는 천억 전이 되는데, 친척들에게 무엇으로 베풀 수 있겠나. 아껴 쓰는 일은 기꺼이 베풀기 위한 근본이네.

사람이 절약만 하고 베풀지 않으면 인색하게 되고, 인색하면 가족도 친척도 백성들도 멀어지기 마련이지. 따라서 베푸는 것이 중요하다네. 내가 귀양살이할 때 본 것인데, 나 같은 사람을 가엾게 생각해서 도움을 주는 수령은 의복이 으레 검소했지. 그리고 의복이 화려하고 얼굴에 기름기가 흐르며, 음란하고 방탕한 것을 즐기는 사람은 나 같은 사람을 돌아보지도 않더군."

가난한 친구나 어려운 친척들은 힘에 맞게 돌봐 주어야 한다.

"한집안 사람 가운데 부임지에 데려오지 못했더라도 가난해서 끼니를 굶는 사람이 있으면, 그 식구를 헤아려 한 달에 얼마씩 생활비를 보내 줘야 하네. 육촌 정도의 친척 가운데 가난해서 끼니를 잇지 못하는 사람이 있으면 반 달치 정도 되는 생활비를 보내 줘야 할 것이고, 그 외의 사람들은 급할 때만 도와주면 될 걸세. 심하게 가난하지 않은 사람에게는 틈틈이 조금씩 보내 주면 될 거야. 가난한 친구가 와서 딱한 사정을 말하며 도움을 청하면 너그럽게 대접하고 도와주되, 돌아가는 노자도 집에 돌아가고도 조금 남을 정도로 주는 것이 좋다네."

나의 녹봉에 여유가 있으면 남에게 베풀 수 있겠지만, 관가의 재물을 빼내어 개인적으로 아는 사람을 도와주는 것은 도리가 아니다.

"만약 공적인 빚이 많으면 당연히 그 사정을 친척과 친구들에게 두루 알려 여유가 생길 때까지 기다리게 해야 하네. 와서 요구하는 대로 객기를 부려 관청 창고의 재물을 모두 써 버리면, 아전들은 목을 매고 노비들은 도망가는 등 그 피해가 고을 전체에 미치게 될 거야. 그러니 베푸는 것만을 미덕으로 삼을 수는 없네. 그러나 눈앞에 슬픈 일이 닥쳐서 급히 도와줘야 할 사람이 있다면 여유를 따지면 안 되네.

정선이 말하기를 '남는 것이 생길 때를 기다린 뒤에 남을 구하려고 한다면 결코 남을 구할 수 있는 날은 없을 것이고, 틈이 날 때를 기다린 뒤에 책을 읽으려고 한다면 결코 책 읽을 때는 없을 것이다.'라고 했다네."

자기 녹봉을 절약하여 고을 백성에게 돌아가게 하고, 자기 농토의 수확물을 풀어 친척들을 도와주면 원망이 없을 것이다.

"사람들은 항상 '벼슬살이의 즐거움이 무엇인가? 남는 것은 내 몫이다.'라고 말하네. 이는 벼슬 사는 동안 농토에서 수확한 것을 집으로 보내지 않고 모아 두거나 팔아, 그것으로 농토를 더 늘릴 수 있음을 말하는 것이야. 병법(兵法)에 '군량을 적에게서 마련하고 나의 식량은 쓰지 않는다.'라는 구절이 있는데, 백성을 적으로 여기기 때문에 그런 계획을 세우는 것이지. 내 농토에서 나온 것을 친척들에게 골고루 나눠 주면서 관가의 재물을 낭비하지 않는 것이 가장 이치에 맞는다고 할 수 있지."

권문세가는 지나치게 섬기면 안 된다.

"권문세가에 보내는 선물은 후하게 해서는 안 되네. 내가 은혜를 입었거나 서로 믿고 잘 지내는 사람에게는 때에 따라 선물을 보내도 되지만, 먹는 것 몇 가지에서 그쳐야 하네. 그리고 담비가죽, 인삼, 비단과 같은 값진 물건은 결코 보내서는 안 되네. 왜냐하면 청렴하고 식견이 있는 재상이라면 받지 않을 뿐만 아니라 나를 비루하고 간사한 사람으로 여길 것이며, 자칫하면 임금께 아뢰어 벌을 주라고 청할 수도 있기 때문이야. 따라서 이는 재물을 잃고 자신을 망치는 위험한 일이지.

만약 그 재상이 뇌물 받기를 좋아해서 이로 말미암아 벼슬자리를 올려 주는 사람이라면, 그는 오래지 않아 패망할 거야. 그리고 여론이 나를 그의 사람이라 할 것이니, 크게는 연루자가 될 것이고 작게는 앞길이 막힐 것이네. 이렇든 저렇든 손해만 있고 이익은 없는데, 무엇 때문에 이런 일을 하겠는가?"

4. 법과 도리에 기초한 공무 처리[봉공 6조]

奉 4. 법과 도리에 기초한 공무 처리 [봉공 6조]
公

봉공(奉公) 6조는 선화(宣化), 수법(守法), 예제(禮際), 문보(文報), 공납(貢納), 왕역(往役)이다. 선화란 수령이 임금의 은덕을 백성들에게 펼쳐 나가는 것이다. 수법은 법에 대한 수령의 자세를 밝히고, 백성들이 법을 지키도록 하는 것이다. 예제는 목민관이 개인적으로나 공적으로 사람을 사귈 때 갖추어야 할 예를 말한다. 문보란 공문서인데, 그 형식과 작성 요령 등을 다룬 것이다. 공납은 공물과 세금에 관련된 내용이다. 왕역은 수령의 공적인 출장을 말한다. 봉공 6조는 이렇게 목민관의 업무 내용과 그 처리 방법을 자세하게 제시하고 있다.

제1조 덕화를 널리 펴다[선화(宣化)]

군수와 현령은 본래 임금의 은덕을 받들어 흐르게 하고 덕화(德
化, 덕으로 교화시킴)를 널리 펴야 하는데, 오늘날에는 이 책임이 오
직 감사에게만 있다고 하니 잘못된 것이다.

"동중서(董仲舒, 한나라 초기 유학자. 대표 저서로 《현량대책》이 있음)는 다음
과 같이 말했네."

오늘날 군수와 현령은 백성의 스승이요 통솔자이기 때문에 임금
의 은덕을 받들어 흐르게 하고, 덕화를 널리 펴는 일을 맡게 한 것
이다. 따라서 수령이 어질지 못하면 임금의 덕이 널리 퍼지지 못하
고, 그 은덕이 흐르지 못한다. 지금 수령들은 아랫사람이 명심해야
할 교훈을 잊어버려 임금의 법을 받들지 않고 백성들을 짓밟으며,
간사한 사람과 거래를 한다. 가난하고 외로운 사람들이 억울하고
고통스럽게 생업마저 잃으니, 이는 임금의 뜻과 매우 어긋나는 것
이다. 때문에 나쁜 기운이 꽉 차고 막혀 모든 생물이 제대로 성장하
지 못하고, 모든 백성이 번성하지 못한다. 이는 모두 수령들이 현명
하지 못해 이 지경까지 이르게 한 것이다.

"임금의 은덕을 받들어 흐르게 하고 덕화를 펴는 것은 수령의 책임인데도, 요즘은 감사가 정사를 보는 관청에만 '선화당(宣化堂)'이라는 현판을 붙여 놓았네. 수령들은 이 현판을 자주 보면서도, 마음속으로는 '덕화를 펴고 은덕을 받들어 흐르게 하는 것은 우리 책임이 아니다. 우리는 세금이나 재촉해서 거두어 상급 관청의 꾸지람만 벗어나면 그만이다.'라고 생각하니, 어찌 슬프고 답답한 일이 아니겠나?

《서경》에서 이르기를 '신하는 짐의 팔과 다리와 귀와 눈이 된다. 내가 사방에 힘을 펴고자 하니 너희들이 (내 대신) 하라.'고 하였네. 그런 까닭에 군수와 현령들은 사방에 힘을 펼쳐야 한다네. 조정의 은덕을 펴서 백성들이 임금을 존경하고 받들게 하는 것을 민목(民牧)이라 하는데, 오늘날 수령들은 가혹한 정사를 펴서 원망만 조정으로 돌아가게 하네.

'세금 걷는 기간을 미뤄 주라.'는 조서가 내려왔는데도 그것을 감추고 알리지 않고는 도리어 백성들을 짜내어 자신들의 재물만 쌓는 다네. '빚을 덜어 주라.'는 조서가 내려왔으나, 이 또한 감추고는 아전들과 한 패가 되어 농간을 부리며 그들 멋대로 처리한다네. '병자를 구하고 시체를 묻어 주라.'는 명령이 내려와도, '결혼 못한 사람은 혼인하게 해 주고, 부모 없는 어린아이는 거두어 주라.'는 명령이 내려와도 이를 감추고 백성에게 알리지 않는다네.

재해가 나서 조정에서 세금을 덜어 주면, 중간에서 이것을 가로채

고는 '조정에서 이것을 인정하지 않고 깎아 버렸다.'라고 하며, 굶주린 백성을 구호 대상에서 빼고는 '조정에서 구제하기가 어렵다.'고 한 것으로 전한다네. 그러니 백성들은 조정을 원망하게 되지. 아! 이래서야 되겠는가? 수령은 이런 점을 생각해서 항상 백성을 대할 때 오직 조정의 은덕을 펴는 것을 첫째 임무로 삼아야 한다네."

윤음(綸音)이 고을에 도착하면 백성들을 불러 모아 몸소 읽고 설명하여, 그들로 하여금 임금의 은덕을 알게 해야 한다.

"윤음이란 임금의 말씀으로, 아버지와 같은 임금이 자녀와 같은 백성을 위로하는 말이네. 백성들이 문자를 모르는 경우가 많아 귀에 대고 말하거나 얼굴을 맞대고 명령하지 않으면 가르침이 없는 것과 같네. 따라서 윤음이 한 번 내려오면 그때마다 수령은 몸소 윤음을 전하여 조정의 은덕을 널리 알리고, 백성들로 하여금 임금의 은혜를 마음 깊이 새기도록 해야 하네."

"백성들에게 조정에서 하는 일을 정확히 전달하라는 거군요."

"그렇지. 내가 영남으로 귀양 갔을 때, 가난하고 조그마한 마을에도 모두 윤음각(綸音閣)이 있는 걸 본 적이 있네. 한 칸 집인데, 북쪽 담벼락에 긴 판자를 가로로 걸어 놓고 윤음이 올 때마다 이 판자 위에 붙이고 마을의 나이 든 어른들이 그 앞에 늘어서서 절을 했다네.

나라에 경사가 있어도 늘어서서 절하고, 나라에 근심이 있어도 늘어서서 절하고, 그 앞에 모여서 망곡례(望哭禮, 국상 등에 곡을 하며 지내는 제사)를 지내기도 하고, 크게 의논할 일이 있을 때도 반드시 그 아래 모였다네. 이는 천하의 미풍양속(美風良俗)이니, 마땅히 이 풍속을 여러 도에서 두루 따르도록 해야 할 거야. 백성들이 나라에서 하는 일을 잘 알고 모르고는 군수나 현령이 어떻게 하느냐에 달렸다네.”

나라에서 큰 경사를 알리는 글이나 사면하는 글이 고을에 도착하면, 역시 요점을 정리하여 백성들에게 널리 읽히고 자세히 설명하여 모두 잘 알도록 해야 한다.

“나라에 큰 경사가 있으면 백성들에게 알리는 글을 내려보내지. 임금의 건강이 회복되었다거나 세자가 태어났다거나 임금이 특별히 오래 산다든지, 또는 국혼이 있다든지 하면 이를 백성들에게 알리고 기념하여 죄인을 풀어 주는 사면을 선포한다네. 백성들이 어려운 문장을 이해하지 못하면 수령은 쉬운 글로 만들어 알려 주고 모두 같이 축하하도록 해야 한다네. 도적을 잡아들이고 역적을 잡은 경우에도 역시 이와 같이 해야 할 거야.”

나라의 제삿날에는 법례에 따라 공무를 보지 않으며, 형벌도 주지 않고 풍악도 울리지 말아야 한다.

"수령은 국가의 기일 하루 전에 몸을 깨끗이 해야 하며, 태형(笞刑, 매로 볼기를 치는 형벌)이나 장형(杖刑, 곤장으로 볼기를 치는 형벌)도 집행하지 말아야 하네. 관가의 문을 열고 닫을 때도 군악을 쓰면 안 된다네. 그 이튿날 제사가 끝나고서는 태형과 장형을 집행해도 된다네. 요즘 수령들은 나라의 제삿날에도 연회를 베풀고 풍악을 울리니, 아전과 백성들이 예에서 어긋난 수령의 행동을 비난하여 온 고을이 떠들썩하네. 그런데 수령만 그 소리를 듣지 못하니, 수령은 반드시 이것을 삼가야 하네."

임금이 칭찬하는 문서를 내려보내면 수령의 영광이요, 임금이 꾸짖는 문서를 내려보내면 수령은 두려워해야 한다.

"조정에서 칭찬하는 문서를 내려보내는 것은 수령을 칭찬하고 떠받들기 위한 것이 아니며, 꾸짖는 문서를 내려보내는 것도 수령을 미워해서가 아니네. 이 모두가 백성을 위한 것이지. 수령이 백성을 위해 일하다 보면 모두 잘할 수는 없지 않겠나? 칭찬을 받든 꾸짖음을 당하든 조정의 뜻을 백성들에게 널리 알리고 감추어서는 안 되네."

제2조 법을 지키다[수법(守法)]

법이란 임금의 명령이다. 법을 지키지 않는 것은 곧 임금의 명령을 따르지 않는 것이니, 신하로서 어찌 그럴 수 있겠는가.

"수령은 《대명률(大明律, 중국 명나라의 기본 법전)》과 《대전통편(大典通編, 정조 때 만든 새로운 기본 법전)》을 늘 옆에 놓고 보면서, 그 조목과 사례를 모두 익혀야 하네. 그것으로 법을 지키고 명령을 시행하며, 송사를 판결하고 일을 처리하되 법 조항에서 금지한 것은 절대 어겨서는 안 되네. 목민에 뜻을 둔 사람이라면 마땅히 법전에서 중요한 것을 뽑아 따로 분류해 놓고, 《만기요람(萬機要覽)》[1], 《비국등록(備局謄錄)》[2], 《고사신서(攷事新書)》[3] 등의 책에서도 중요한 것을 뽑아 한 권의 책으로 만들어 두고, 일을 할 때마다 다시 살펴보면 좋을 거야."

국법으로 금지한 것과 형법에 실린 것은 매우 두려워해야 하며, 감히 어기는 일이 없도록 해야 한다.

---

1) 임금이 정사를 수행하는 데 참고할 수 있도록 정부의 재정과 군정을 모아 놓은 책. 1808년 서영보, 심상규 등이 편찬했다.
2) 조선 시대 비변사에서 논의·결정된 사항을 매일 기록한 책으로 군사와 재정에 관한 중요한 사료다.
3) 조선 시대의 외교 관계와 일상생활에 필요한 사항을 모아 엮은 어숙권의 《고사촬요(攷事撮要)》를 서명응이 개정·증보한 책이다.

"언제든 사건이 생기면 반드시 국가의 법전을 살펴보고, 만일 법률에 어긋나는 것이면 결코 실행해서는 안 되네. 만약 예전 수령이 법을 어긴 것이 그대로 전해져 신임 수령이 그 잘못을 뒤집어쓰게 되었다면, 마땅히 편지를 주고받아 바로잡을 방법을 마련해야 해. 그런데도 저쪽에서 듣지 않으면 감영에 보고해야지, 그대로 내버려두어서는 안 된다네.

하지만 너무 고지식하게 법만 지키면 때로는 너무 경직될 수도 있다네. 약간은 융통성 있게 처리해야 해. 옛사람도 백성을 이롭게 할 수 있는 일에 대해서는 경우에 따라서 알맞게 처리한 경우가 있었다네."

"그 기준이 분명하지 않을 수도 있을 것 같은데요?"

"그 기준은 자신의 양심이라고 할 수 있지. 자기 마음이 하늘의 도리에 따른 공정함에서 나왔다면 법이라고 해서 융통성 없이 고집하며 지킬 필요는 없어. 하지만 자기 마음이 사사로운 욕심이나 정에서 나왔다면 조금이라도 법을 어겨서는 안 될 거야. 법을 어기고 벌을 받아도 하늘과 땅에 부끄럽지 않다면, 법을 어긴 일이 백성을 이롭고 편하게 할 걸세. 그런 경우에는 융통성이 있어도 괜찮을 거야."

폐해가 없는 법은 잘 지켜 바꾸지 말고, 합리적인 관례는 지켜서 없어지지 않도록 해야 한다.

"옛사람들이 법을 마구 고치는 것을 경계한 이유는 지킬 만한 법이었기 때문이야. 그런데 지금 우리나라 군현에서 쓰는 법들은 도무지 국가에서 제정한 법이라고 할 수가 없네. 부역과 세금 걷는 일 등이 모두 아전들의 억지에서 나온 것이니, 마땅히 개혁해야 하며 그대로 두어서는 안 될 거야."

읍례(邑例)는 한 고을의 법이니, 그 가운데 이치에 맞지 않는 것은 고쳐서 지키도록 해야 한다.

"읍례란 모든 읍마다 예로부터 전해 오는 관례를 말하는데, 고을의 창고마다 전해오는 관례를 '절목(節目)'이라고 한다네. 그런데 이 절목은 처음 만들어질 때도 완전하지 못한 조목이 많았는데, 뒷사람들이 이리저리 고치기도 하고 덜고 보태기도 하는 등 모두가 개인적인 생각으로 자기 이익을 챙기고 백성을 괴롭히는 것으로 만들었다네. 그래서 조목들이 거칠고 뒤섞이고 구차하고 고루하여 실행할 수 없는 것이 되었는데, 이것을 핑계로 그 절목을 없애고 마음대로 새 명령을 행하니 백성을 괴롭히는 조목들이 해마다 늘어났네. 백성들이 편히 살 수 없는 것은 바로 이 때문이지. 취임한 지 몇 달이 지나면 여러 창고의 절목들을 조목조목 조사하고 물어서 그 이롭고 해로운 점을 알아낸 다음, 그 가운데 이치에 맞는 것은 드러내어 지키고 이치에 어긋나는 것은 고치도록 해야 하네.

수령에게만 이롭고 이치에 맞지도 않는 조목은 고쳐서 없애고, 법에 없는데도 여러 가지로 거두는 것은 한도를 정해야 할 거야. 깊이 생각하고 자세하게 살피는 한편, 널리 의견을 물어서 과감히 결단을 내려야 하네. 뒷날 폐해를 생각해서 잘못된 것은 막아야 하고, 여론에 따라서 확고하게 법을 정하되 공평하고 굳게 지켜 나가면 명령을 내리는 것이 조금도 부끄럽지 않을 걸세."

제3조 예의로써 대하다[예제(禮際)]

예의로 상대방을 대하는 것은 군자가 신중히 여기는 것이니, 공손하고 예에 맞아야 치욕을 당하지 않을 것이다.

"예로부터 귀하고 천함에는 등급이 있고, 위와 아래를 나타내는 표지가 있었네. 수레와 복장을 다르게 하고, 깃발 장식의 색깔을 구별한 것도 그 신분을 나타내기 위함이지. 자신이 아랫사람이면 마땅히 본분을 지켜서 윗사람을 섬겨야 하네. 나는 문관이고 상대는 무관이라 하여 서로 비교해서 무시하면 안 되고, 내가 세력이 크고 상대가 세력이 약하다 해서 건방지게 대해서는 안 되네. 또 내가 현명하고 상대가 어리석다 해서 그를 무식하다고 말해서도 안 되고, 내가 나이가 많고 상대가 젊다 해서 그를 불쌍한 듯이 대해서도 안 된다네."

"신분 차이가 있어도 예의로 사람을 대하라는 말씀이군요."

"그렇다네. 엄숙하고 공경하며 겸손하고 온순하면 예를 잃지 않을 것이며, 온화하여 서로 통하게 되면 부딪치는 일이 없을 것이니 정다운 뜻이 서로 믿음으로 맺어질 거야. 만약 상대가 자애롭지 않은데 그 사람의 뜻에 굽혀 따르다가 백성들에게 해를 끼쳐서는 안 될 것이네."

감사는 법을 집행하는 관리니, 수령이 감사와 오랜 친분이 있다 해도 그것을 믿고 의지해서는 안 된다.

"수령들은 각 도 감사의 관리를 받지. 감사와 친분이 있다고 지켜야 할 것을 지키지 않으면 관리로서 바르지 못한 행동이야. 내가 정말 죄를 지었으면 원칙에 따라 처리해도 원망하지 말아야 하네. 요즘 감사 가운데는 친한 수령일수록 특히 꼬투리를 잡아 자기가 공정하다는 명성을 얻으려는 사람도 있는데, 이런 낌새를 잘 살피지 않으면 안 된다네."

상사가 고을 아전과 군교들을 조사하여 다스릴 때, 그 일이 이치에 어긋나더라도 수령은 순종하고 어기지 않는 것이 좋다.

"고을에 잘못이 있어서 상사가 조사하고 처벌하려 하는 것은 굳이 논할 필요도 없네. 뿐만 아니라 상사가 생트집을 잡아 옳지 않은 일을 덮어씌우려고 해도 나는 그의 부하이니 그저 순종해야 한다네."

"억지를 부리는 데도 순종해야 하나요?"

"만약 감사가 실수한 것이고 일부러 나쁜 의도를 가지고 한 게 아니라면, 죄인을 호송할 때 보내는 소장에 그 사정을 자세히 적어 관대한 처분을 부탁해서 내 아전과 군교가 억울한 형벌에서 벗어날 수 있도록 하는 것이 바르고 무게 있으며 겸손한 도리지."

"죄가 없는데 나쁜 뜻으로 죄를 덮어씌우면 어떻게 하나요?"

"만약 감사가 일부러 해치기 위해 그런 것이라서 말로 해결할 수 없다면, 죄인에 관한 문서를 써서 죄수를 호송할 때 사직서를 함께 보내야 해. 사직서에는 '갑자기 병이 깊어져 임무를 다할 수 없다.'라고 써야 하네. 그렇게 해서 감사가 사과하면 그대로 계속 수령 업무를 하겠지만, 끝내 무례하게 굴면 세 번 계속해서 사직서를 낸 뒤에 거취를 결정해야 할 거야. 감사가 만일 겉으로는 용서한 체하고 속으로는 불만을 품고 있다가, 업무 능력에 등급을 매기는 고과(考課) 때 낮은 등급을 주려고 하면 예향과 예리를 시켜 즉시 관의 도장과 명부를 감영에 바치게 한 뒤, 관직을 버리고 집으로 돌아가야 해. 구차하게 무릎 꿇고 스스로를 욕되게 해서는 안 될 것이네."

예는 반드시 공손해야 하고 의는 반드시 깨끗해야 한다. 예와 의가 조화를 이루어 모두 온전하고 온화해서 도에 맞아야 군자라고 할 수 있다.

"나아갈 때와 물러날 때를 아는 것도 예의 하나고, 언제 어디서나 나와 다른 사람에게 떳떳한 것이 의(義)라네. 목민관으로서 예와 의가 조화를 이룬다는 것은 공손하게 행동하고 떳떳하게 일하는 것을 두루 갖추어서 도에 맞는 것을 말하지."

"구체적으로 어떻게 해야 하나요?"

"사대부는 벼슬살이할 때 '버릴 기(棄)' 한 글자를 명심해야 하네. 이 글자를 벽에 걸어 두고 아침저녁으로 보면서 행동이나 마음에 거리낌이 있으면 벼슬을 버리고, 상사가 무례하거나 내 뜻이 행해지지 않아도 그만둬야 한다네."

"그렇다고 벼슬을 버린다면 너무 무책임한 것 아닌가요?"

"감사가 '저 사람은 벼슬을 가볍게 버릴 수 있는 사람이라 쉽게 건드릴 수 없다.'라고 여기게 된 뒤에야 비로소 목민을 제대로 할 수 있어. 그러니 무책임하다고만 할 수는 없지 않겠나? 만약 부들부들 떨면서 행여 자리를 잃을까봐 황송해하고 두려워하는 말씨와 낯빛을 보이면, 상사가 업신여기고 이것저것 마구 몰아세우기 때문에 수령 자리에 오래 있을 수 없네. 물론 물러나겠다는 뜻을 밝히고 돌아가더라도 말씨와 태도는 공손하게 하여 조금도 화난 표정을 보이지 않아야 예에 맞네."

이웃 고을과 화목하고 서로 예로써 대하면 후회가 적을 것이다. 이웃 수령과는 형제의 우의가 있으니, 한쪽이 비록 잘못하더라도 서로 틀어지지 않도록 해야 할 것이다.

"송사와 관련된 백성을 감싸며 내주지 않거나, 의무인 국가 부역을 안 하려고 서로 미루면 이웃 수령과 화목하게 지낼 수 없다네. 서로 객기를 부려 지기 싫어하고 이기기만 좋아하니 상황이 이렇게 되지. 이웃 수령이 이치에 맞지 않을 뿐 아니라 개인적 감정으로 내 백성을 괴롭히면, 당연히 백성의 수령으로서 지켜 주어야 하네. 그러나 그가 공정하고 내 백성이 간사하여 나를 이용해 숨으려 한다면, 수령은 당연히 이웃 고을 수령과 함께 그에게 죄를 물어야 하네.

만약 이웃 수령이 교만한 마음을 먹고 부역을 피해 내가 대신 하게 된다면 진실로 밉겠지만, 진짜로 부모가 아프다든가 자신의 몸이 좋지 않은 것이라면 기꺼이 대신 해 주어 화목하게 지내야 할 거야. 어찌 이런 일로 화목하지 않을 수 있겠는가."

교대할 때는 동료의 우애가 있으니, 뒤에 올 수령에게 당하기 싫은 일을 똑같이 예전 수령에게 하지 말아야 원망이 적을 것이다.

"《여씨동몽훈(呂氏童蒙訓, 송나라 여본중이 지은 아동 교육서)》에서 말하기를 '동료 간의 우애나 서로 교대할 때의 정에는 형제의 의리가 있으니, 그 자손에 이르기까지 대대로 일러두라. 옛사람들은 이것에 힘썼는데, 요즘 사람들은 이를 아는 자가 드물다.'라고 했네. 예전 수령과는 동료의 우애가 있다네. 그러므로 교대할 때 옛사람들은 너그러운 마음으로 비록 예전 수령이 욕심 많고 불법을 저질러 아직껏 그 가혹한 정사가 계속되고 있다 해도, 그 잘못을 고치고 바로잡을 때는 온화하고 간절하게 해서 그 잘못이 드러나지 않도록 힘써야 하네."

"그것은 예전 수령의 잘못을 덮어 주는 게 아닌가요?"

"만약에 급하고 시원하게 하나하나 이전의 정사를 다 뒤집어 마치 큰 추위가 물러간 뒤에 따뜻한 봄날이 온 것처럼 해서 자신의 명예를 드높이려 한다면, 그 덕이 가벼우니 어찌 뒤처리를 제대로 한다고 할 수 있겠나? 그래서 잘못은 고치더라도 조용하게 처리하라는 것이라네."

제4조 공문서를 처리하다[문보(文報)]

공문서는 꼼꼼히 생각해서 자신이 직접 써야지, 아전들의 손에 맡겨서는 안 된다.

"송나라 사람 호태초(胡太初)는 '사람을 상대하는 일은 날마다 번거로워 몸과 마음이 날로 피곤한데도 조금도 쉴 틈이 없다. 그렇다고 공문서의 틀이 갖추어져 있다고 다행으로 여겨 아전에게 머리 숙이면서 붓 가는 대로 따라 쓰게 하면, 마침내 떳떳하지 못한 길로 빠지게 된다.'라고 했네. 관례에 따라 형식만 갖추는 공문은 아전에게 맡겨도 문제가 없네. 하지만 백성을 위해 폐단을 설명하여 바로잡고자 하거나, 상사의 명령을 거슬러서라도 받들어 따르지 않기로 한 경우에는 공문을 아전의 손에 맡기면 안 된다네. 아전들은 반드시 나쁜 마음을 품고 농간을 부려 요점을 빼 버리거나 쓸데없는 말만 늘어놓아 일을 잘못되게 할 수 있으니, 그래서야 되겠나."

공문서의 격식과 문구는 경서나 사서(史書)와는 다르기 때문에, 글공부한 선비가 처음 부임하면 당황하는 일이 많다.

"공문서는 유학의 경전인 경서나 사서와는 그 형식이 다르네. 상사에 대한 공문서에는 관례상 서목(書目)이라는 것이 있는데, 공문서 원본의 내용을 요약하여 적은 것을 말하지. 감사는 서목에 결재를 하며, 원본은 증거로 남겨 둔다네. 원본 끝에는 자신의 이름을 쓰고 화압을 함께 하지만, 서목에는 이름만 쓰고 화압을 하지 않는다네. 처음 벼슬하는 사람은 이 점을 꼭 알아 두어야 하네. 또한 그 글쓰기도 다르니, 그것을 익혀야 한다네. 특히 이두나 중국의 공문서는 잘 모르는 경우가 있으니 평소에 익혀 두어야 당황하지 않는다네."

폐단을 보고하는 문서, 청구하는 문서, 방색(防塞)하는 문서, 꾸짖음에 변명하는 문서는 반드시 그 문장을 조리 있게 쓰고, 성의를 다해야만 사람의 마음을 움직일 수 있다.

"방색이란 상사의 지시 사항을 거부한다는 뜻인데, 방색하는 문서는 특히 신경을 써야 하네. 또한 고을에 병폐가 있어 고쳐야 할 경우에는 반드시 그 문제를 눈앞에서 보는 것처럼 생생하게 써야 윗사람을 설득시킬 수 있을 거야. 재정 문제로 도움을 달라거나, 세금을 깎아 달라거나, 부역을 면제해 달라고 할 때도 조목조목 밝혀서 이유를 분명히 해야 상대방을 설득할 수 있네. 상사의 명령을 거부할 경우에는 말씨가 공손해야 노여움을 사지 않으며, 상사의 꾸짖음에 변명하는 문장은 이치에 맞고 간절해야만 의심을 풀 수 있어.

백성을 위해 건의할 때는 이익과 피해를 자세히 쓰되 정성으로 써서 윗사람을 감동시켜야 하고, 상사가 받아들이지 않으면 두 번 세 번 거듭 노력해 보고 물러날지 말지를 결정해야 한다네. 비록 이 때문에 물러나게 되더라도 옳은 일이라면 앞길이 다시 트이게 될 거야. 앉아서 백성들의 곤란을 그대로 보고만 있으면 어찌 어진 수령이라 하겠나?"

사람의 목숨과 관련된 문서는 지우고 고칠까 우려해야 하고, 도적의 범죄에 관한 문서는 엄히 봉해서 비밀을 지켜야 한다.

"중요하지 않은 공문서가 없지만, 살인 옥사와 관련된 보고 문서와 회답은 아전들이 뇌물을 먹고 중간에 글귀를 지우거나 다른 글자로 고치는 장난을 할 수 있으니 특히 신중하게 다뤄야 한다네. 내가 장기에서 귀양 살 때 어떤 아전이 살인을 했는데, 여러 아전들이 끼리끼리 농간을 부려서 검시장(檢屍場)을 전부 고쳐 버렸다네."

"검시장이 뭔데요?"

"살인 사건이 났을 때 시체를 검사해서 그 결과를 적은 문서라네. 감영에서 판결 내용에 대한 회답이 오자 현감도 놀라 이상하다고 의심했지만 끝내 그들이 한 짓을 들춰내지 못해 살인자는 무죄가 되었지. 대개 현감이 보는 것은 서목뿐이니, 감영의 회답과 자신의 보고서가 다를 경우는 직접 감영에 가서 급히 원본을 찾아보고 확인해 봐야지, 의심만 품고 그대로 두면 안 된다네."

"도적과 관련된 것은 그 무리들 때문에 철저히 봉해야 한다는 것이죠?"

"그렇지. 큰 도적일수록 일당들이 널리 깔려 있어 군교와 아전들이 그들의 끄나풀인지 아닌지 알 수가 없네. 그러므로 도적에 대한 염탐 문서나 수색 문서는 철저히 비밀로 하고 거듭 봉해서 알려지지 않게 하는 거라네."

이웃 고을에 보내는 문서는 문장을 잘 만들어 오해를 사지 않도록 해야 한다.

"이웃과 사이좋게 지내라는 것은 옛사람들의 가르침이야. 지위와 덕이 비슷하니 서로 누가 위고 누가 아래라고 할 수 없지. 따라서 싸움의 실마리는 앞서고자 하는 객기 때문에 일어나고, 이로 말미암아 화목이 깨지면 세상의 웃음거리가 되니 예가 아니지. 공경하면서 예를 갖추면 자연히 감동하게 마련이니, 마땅히 서로 존경하고 말과 행동을 조심해서 화목하면 좋지 않겠나?"

상사에게 올리는 공문서가 늦어지면 반드시 재촉을 받게 되니,

공직에 임하는 도리가 아니다.

"상사에게 올리는 공문서를 담당한 아전이 비용으로 주어진 쌀을 먼저 먹어 버리고, 여름과 가을이 지나면 비용이 다 떨어져 으레 공문서를 모아서 한꺼번에 보내거나 혹은 이웃 고을에 부탁해서 거기 딸려 보내는데, 이것이 정해진 날짜를 맞추지 못하고 공문서가 늦어지는 이유라네. 사고가 생긴 뒤에 거짓으로 꾸며서 전령이 병에 걸렸다고도 하고, 또는 저리(邸吏, 연락을 담당하던 아전)가 잊어버렸다고도 하는데 이는 믿을 수 없는 말이야.

문서와 관계된 일이 중요한 것이 아니라면 아전이 하는 대로 들어주어 관대하게 처리하고, 보고가 급한 경우에는 보내는 날 마땅히 이방에게 주의를 줘야 하네. 사고가 생길 경우 이방에게도 책임을 묻겠다고 하면 거의 늦는 일이 없을 거야."

제5조 공물을 거두어 바치다[공납(貢納)]

재물은 백성에게서 나오는 것이며, 이를 받아 나라에 바치는 것은 수령이다. 아전들의 농간을 잘 살피면 수령이 공납을 너그럽게 하더라도 해가 될 것이 없지만, 아전들의 농간을 살피지 못하면 수령이 아무리 엄하게 해도 아무런 도움이 되지 않는다.

"공납은 세금과 전국 각 지역에서 나오는 특산물을 조정에 바치는 것이지. 예전에는 최과(催科)라는 것이 있었는데, 세금을 재촉하는 일을 말한다네. 백성들도 나라에 곡식이나 포목을 바치는 일을 당연하게 여기므로 까닭 없이 세금을 내지 않을 리 없어. 따라서 현명한 수령은 너그럽게 해 주되 기한을 어기지 않도록 해야만 위아래의 원망을 듣지 않는다네.

당나라 때 양성(陽城)은 최과를 너그럽게 한 사람으로 본받을 만하지. 그는 너무 너그러워 세금이 잘 걷히지 않았어. 양성이 도주 자사가 되었는데, 세금을 때맞춰 내지 못하자 감사가 자주 재촉했다네. 양성은 자신의 업무 평가에서 스스로 '어루만지고 돌보느라 마음은 피곤하나, 최과의 행정은 떨어지니 고과 평점은 최하에 해당된다.'라고 썼다네.

관찰사가 그 고을에 판관을 보내 세금을 재촉했는데, 판관이 고을에 도착했는데도 양성이 마중 나오지 않자 이상하게 여겨 아전에게 물었지. 그랬더니 '자사는 죄가 있다고 하면서 스스로 옥에 갇혔다.'라고 대답했다네. 판관이 놀라 달려가서 만나 '사또가 무슨 죄가 있습니까?'라고 물었지만, 양성은 온 가족과 함께 관가 밖에서 자며 명을 기다렸지. 그랬더니 판관이 조용히 떠나 버렸다네."

"참 대단하네요."

"참으로 너그러운 수령이 아닌가? 요즘은 이런 수령을 보기가 어려워. 항상 보면 어리석은 수령 가운데 어루만지고 돌본다고 하는 자들이 세금 바치는 날짜를 잘 어기고, 국가를 위해 일한다고 하는 자들이 백성들로부터 강제로 **빼앗는** 경우가 많지. 현명한 수령은 백성들에게 너그러우면서도 기한을 어기지 않는다네. 그 이치는 어려운 것이 아니니, 마음만 먹으면 실행하지 못할 리가 있겠는가!"

전조(田租, 쌀로 내는 세금)와 전포(田布, 베로 내는 세금)는 국가 재정에서 가장 급한 것들이다. 넉넉한 집의 것을 먼저 거두어 집행하되, 아전들이 불법으로 **빼돌리지** 못하게 해야만 기한을 맞출 수 있다.

"요즘 국가 재정은 날로 줄어 벼슬아치들의 녹봉과 관가에 필요한 물품 값을 주기도 어렵네. 그런데도 기름진 토지를 가진 부자들의 세금은 모두 아전의 주머니로 들어가고, 세금으로 받은 곡식을 실어 나르는 배는 해마다 기한을 지키지 못하네. 이 때문에 체포되어 문초를 당하고 파면되는 수령이 줄줄이 뒤를 잇고 있는데, 아직도 이를 깨닫지 못하니 안타까운 일이지.

호태초가 '고을 아전들은 부자들과 서로 한통속이 되어 해마다 부자들은 세금을 내지 않게 하고, 착하고 가난한 백성들만 재촉하며 세금을 내게 한다.'고 했지. 중국 역시 그러했으니, 천하의 공통된 폐단이 아전들의 횡포라네."

군전과 군포는 훈련도감에서 항상 독촉하는 것이다. 여러 번 걸은 경우는 없는지 잘 살피고, 아전들이 제멋대로 물리치는 것을 금지해야만 원망이 없다.

"세금으로 내는 물건 가운데 돈이 가장 폐단이 없고 쌀도 살피기가 쉽다네. 그런데 무명베와 삼베는 올이 성글고 가는 차이가 너무 많고, 폭에 따라 값도 다르다네. 길이도 원래 정해진 기준이 있지만, 재는 자(尺)의 종류가 달라 여러 가지로 아전들이 농간을 부리기는 쉽고, 백성들의 근심을 살피기 어렵지.

예전에 곡산에서 한 아전이 군포를 함부로 거둬 백성들의 원성이 크게 일어나 하마터면 변란이 일어날 뻔했다네. 내가 부임하여 명령을 내리길 '군포를 바치는 자는 관청에 와서 바치도록 하라.'고 했더니, 몇 달이 지나 백성들이 포목을 가져왔다네. 아전들이 옷감 재는 자를 나에게 주는데, 양쪽 끝을 보니 확실한 낙인이 있었네. 내가 '이것은 어디서 나온 것인가?' 하고 물으니, 아전은 '포정사(布政司,

각 도의 감영)에서 나눠 준 것입니다.'라고 하더군. 내가 '허허, 왜 이렇게 긴가?' 하고는 《오례의(五禮儀)》를 찾아오게 하여 표준 자와 비교했더니, 표준 자보다 2촌(寸, 한 자의 10분의 1)이나 더 길었네. 이에 아전을 관청 뜰에 꿇어 엎드리게 하여 문초하니, 그 읍에서 만든 것이라고 자백하더군. 이에 《오례의》를 기준으로 새로 만들라.' 하고는 관청 바닥에 20척 길이를 표시하게 해서 군포를 재도록 하니 거의 맞았네."

"정말 빈틈없이 처리하셨네요."

"수령은 백성을 직접 대하는 자리네. 임금은 지극히 귀한 몸이라 직접 백성과 대할 수 없기 때문에, 나로 하여금 백성을 다스리게 한 것이야. 그러니 당연히 모든 일을 몸소 처리하여 백성들의 숨은 고통을 살펴야 하네. 오늘날 수령은 스스로를 귀하다고 여겨 큰 줄거리 지키기에만 힘쓰고, 세금으로 걷힌 물품의 관리는 전부 아전들 손에 내맡기고 있네. 그러면서 백성들이 온갖 괴로움을 당해도 들은 척도 하지 않으니 수령의 임무가 어찌 이와 같은 것이겠는가?"

공물이나 토산물은 상사에서 배정하는 것이다. 전부터 있던 것은 성심껏 이행하고, 새로 요구하는 것은 막아야만 폐단이 없을 것이다.

"정선이 말하길 '관리가 되자면 적당하지 못한 전례를 만드는 것을 조심해야 한다. 옛날에도 토산품을 바치는 일이 있었지만, 이는 그 지방에 많은 피해를 주는 일이다.'라고 하였네. 공물에 대해서도 고을 수령이 어떻게 잘 처리하느냐가 백성들의 삶에 직접 영향을 주었다네. 내가 《다산록(茶山錄)》에 쓴 내용이네."

제주에서 전복이 나는데 큰 것은 크기가 자라만 하다. 잿더미 속에 넣어 두었다가 꺼내 햇볕에 말리는데, 대나무 꼬챙이로 꿰뚫은 구멍이 없기 때문에 무혈복(無穴鰒)이라고 한다. 수년 동안 감사가 이 무혈복을 요구하므로 점차 민폐가 되었다. 또 강진, 해남 등에는 생달자(生達子)라는 것이 있는데, 그 나뭇잎이 겨울에도 푸르고 잎은 마치 산에서 나는 차(茶)와 같았는데, 그 기름을 짜서 등창과 부스럼을 치료할 수 있었다. 수년 동안 감사가 이것을 요구하므로 점차 민폐가 되었다. 그 지방을 지키는 사람은 이런 일들을 이어 받아서는 안 될 것이다.

"수령들은 이런 민폐를 모른 척해선 안 된다네. 양성이 도주 자사로 있을 때, 그 주에는 난쟁이들이 많아 해마다 그들을 조정에 바치곤 했다네. 양성은 그들의 생이별을 불쌍히 여겨 임금에게 '주민이 전부 난쟁이라 공물로 바치려 하니 누구를 바쳐야 할지 모르겠습니다.'라고 했어. 그 뒤로는 이런 일이 없어지게 되었고, 이에 감동한 주민들은 아들을 나면 자사 이름인 '볕 양(陽)'자로 이름을 지었다네."

제6조 차출되어 임무를 맡다[왕역(往役)]

상사에서 차출을 명령하면 순순히 받들어 따라야 한다. 일이나 병을 핑계로 스스로 편하고자 하는 것은 군자의 도리가 아니다.

"상사에서 차출(差出, 어떤 일을 시키기 위해 사람을 뽑던 일)하여 임무를 맡겼을 때, 내가 거절하면 다른 사람이 대신 일을 맡아야 하네. 그러면 대신 맡게 된 사람이 원망하지 않겠나? 자기가 하기 싫은 일을 다른 사람이 하게 해서는 안 되니, 어쩔 수 없는 사정이 아니라면 순순히 따르는 것이 옳다네. 임무가 맡겨지면 진심으로 책임을 다해야지 억지로 해서는 안 될 것이네."

"어떤 종류의 일들을 하나요?"

"그 임무에는 여러 종류가 있어. 상사의 공문서를 가지고 서울로 가는 일, 궁묘(宮廟, 지방 관청의 경계 안에 있던 궁, 전(殿), 문묘(文廟) 등을 말함) 제사에 제관으로 참여하는 일, 과거시험 감독관 일, 살인사건의 검시관 일, 죄인을 심문하는 일, 중국 사신을 맞이하고 보내는 일, 제방 수리나 성을 쌓을 때 감독하는 일 등 다양하지. 그런 일들을 귀찮게 여겨서 피하는 건 도리가 아니야."

상사의 공문서를 가지고 서울로 가도록 차출되었을 때 사양해서는 안 된다.

"미납된 곡식을 걷는 일, 묵은 밭을 측량하는 일과 같이 고을에 큰일이 있을 경우나 매우 급한 사정으로 잠시도 고을을 떠날 수 없을 때는 그 사정을 상사에 사실대로 아뢰어 관대한 처분을 기다려야 할 것이네. 공문서뿐만 아니라 인삼이나 재목을 공납할 때도 사람을 차출하여 서울로 가게 하니, 그런 일을 피하려 드는 것은 올바른 자세가 아니라네."

궁묘 제사에 차출되어 제사를 주관하는 사람이 되면, 마땅히 몸과 마음을 깨끗이 하고 정성으로 지내야 할 것이다.

"요즘 제사를 주관하는 사람이 제단이나 사당 옆에서 기생을 끼고 놀거나 술을 먹기도 하는데, 이것은 예가 아닐세. 몸과 마음을 깨끗이 하여 경건하고 정결한 몸가짐을 갖추는 일을 소홀히 해서는 안 되네. 또한 제사 지내는 절차 하나하나를 경솔하게 해서도 안 되네. 더러워지거나 찌그러진 제기(祭器)를 그대로 써서도 안 되고, 상한 고기나 시어버린 술을 써도 안 된다네. 군자의 마음가짐이 어느 곳에 간들 진심을 다하지 않겠는가?"

과거시험에 경관과 함께 감독으로 차출되어 나가게 되면, 마땅히 한결같은 마음으로 공정해야 하며, 만약 경관이 사사로운 마음으로 일을 하려고 하면 안 된다고 막아야 할 것이다.

"수령이 과거시험 감독이 되면 반드시 자기 고을 유생들과도 관계를 끊어 개인적인 인정을 없애야 하네. 그리고 경관이 사사로이 수준 낮은 글을 뽑으려 하거나 좋은 글을 버리려 하면, 마땅히 다퉈야지 입 다물고 허수아비처럼 앉아만 있어서는 안 된다네. 수령의 기량이 작으면 명예가 한 고을에 그치나, 기량이 크면 명성이 한 도에 가득 차게 될 것이야."

사람의 목숨과 관계있는 옥사의 검시관이 되기를 피하려는 경우, 국가에는 이를 다스리는 법률이 있으니 피해서는 안 된다.

"검시는 정해진 날짜가 있으니 조금이라도 늦춰서는 안 된다네. 검시관으로 뽑히면 마땅히 그 날짜 안에 조사를 마치도록 노력해야지 피해서는 안 돼.

　조사관이나 검시관이 된 수령은 의심나는 옥사가 있을 경우, 자제나 친지들 가운데 단정하고 결백하며 이치에 밝은 사람 하나를 골라 그 고을에 미리 몰래 보내 사정을 조사해야 하네. 그런 뒤에 서로 앞뒤를 맞춰 보고 나서 간악한 일이나 숨겨진 일을 밝혀내면 잘못 판단하는 경우는 없을 걸세."

　사신을 맞이하고 보내는 일에 차출되어 사신을 보호할 책임을 지게 되면, 각별히 공경하여 트집 잡히는 일이 생기지 않도록 해야 한다.

　"중국 사신을 대접하는 사신 혹은 중국에 문안 가는 사신으로 수령을 임시로 뽑아 가기도 하고, 또 중국 사신 일행을 목적지까지 모시는 관리나 중국 사신을 가마로 모시는 관리로 차출되기도 하는데, 이름은 다르지만 그 임무는 오직 잘 수행하여 중국 사신들에게 트집 잡히지 않도록 하는 것이네. 그러면 원망도 없을 거야."

　제방을 수리하고 성을 쌓는 일에 차출되어 감독하게 되면, 기쁜 마음으로 백성들을 위로하고 힘써 인심을 얻어야 일이 잘 이루어질 것이다.

"옛날에 하천을 파내 정비하거나 대(臺)를 쌓는 일은 모두 군현의 백성을 시켰고, 우리나라에서도 호수를 파거나 성을 쌓을 때 각 고을의 백성을 모아 공사를 돕게 했지. 훌륭한 수령은 이를 통해 백성들의 마음을 얻어 칭찬하는 소리가 널리 퍼지게 할 수 있었네.

늙고 힘없는 사람은 부역에서 빼 주고, 굶주린 사람과 배부른 사람을 구별하여 부역을 고르게 하고, 담배와 술을 주며 노래로 일을 북돋고 게으름을 경계한다면 백성들은 떨쳐 일어나 일의 성과를 즐거워하지 않는 사람이 없을 것이네."

5. 목민관의 지극한 백성 사랑[애민 6조]

愛民 5. 목민관의 지극한 백성 사랑[애민 6조]

애민(愛民) 6조는 양로(養老), 자유(慈幼), 진궁(振窮), 애상(哀喪), 관질(寬疾), 구재(救災)다. 《주례(周禮)》에 보면 백성 교화 담당관인 대사도가 담당했던 여섯 가지 일을 보식육정(保息六政)이라고 하였다. 보식육정은 백성을 보호하여 편히 살게 하는 여섯 가지 정사를 말한다. 첫째, 양로는 노인을 잘 모시는 일이고, 둘째, 자유는 어린이를 보살피는 일이고, 셋째, 진궁은 어려운 사람을 구제하는 일이고, 넷째, 휼빈(恤貧)은 가난한 백성을 도와주는 일이고, 다섯째, 관질은 병을 치료해 주는 일이고, 여섯째, 안부(安富)는 편안히 살도록 돕는 일이다.

이 보식육정의 내용을 다듬어 목민관이 실천하도록 제시한 것이 바로 애민 6조다. 애민 6조의 덕목들은 오늘날 복지 국가가 추구하는 정책들과 비슷하다.

제1조 노인을 모시다[양로(養老)]

노인을 모시는 양로의 예가 폐지된 뒤로 백성들이 효도에 뜻을 두지 않으니, 수령은 다시 양로의 예를 시행해야 한다.

"《예기》에 보면 '봄에는 고아들을 위한 잔치를 베풀고, 가을에는 노인들을 먹인다.'라고 하였고, 또 '봄에는 어린아이들을 기르고, 가을에는 노인들을 봉양한다.'라고 하였네. 그러니 가을 추수가 끝난 뒤 추위가 오기 전에 양로의 예를 실행해야 한다네. 이익(李瀷, 조선 후기 실학자) 선생도 다음과 같이 말씀하셨지."

효도하고도 공경하지 않는 사람은 있어도, 공경하는 사람으로서 효도를 모르는 사람은 없다. 그러므로 선왕(先王, 정치를 잘한 훌륭한 옛 임금들)의 제도에서 공경은 고을에서도 통하고 길거리에서도 통하며 군대에서도 통하니, 이는 국가가 행하는 양로에 근거한 것이다. 고대 중국의 순임금 이래로 양로의 예를 없앤 일이 없다. 사람들은 비용이 많이 드는 것을 걱정하지만 예법에 70세, 80세, 90세에 따라 각각 대접하는 그릇 수가 정해져 있으니 더 보탤 필요가 없다. 혹시 초대할 노인이 너무 많다면 그 가운데 가장 나이 드신 분을 골라 초청하거나, 마을을 돌아가면서 초청하면 안 될 것이 없다. 의식을 간단하게 정하여 헌수(獻酬, 노인을 위한 잔치에서 장수를 빌며 술잔을 올리던 일)의 예도 같이 하고, 아래의 정이 위로 통하게 하면 어찌 얻는 것이 적겠는가? 사마광(司馬光, 북송 때 정치가이자 사학자로 《자치통감》의 저자)이 말하기를 '자주 모이도록 하되 예는 극진히 하고, 차리는 음식은 별로 없더라도 정은 두터워야 한다.'라고 하였으니, 마땅히 일정한 날을 정해 놓고 그때마다 한 번씩 모시는 것이 좋다.

규모에 비해 재정이 부족할 경우 초대하는 범위를 너무 넓혀서는 안 된다. 이런 경우 80세 이상 되는 사람만 골라 초청하는 것이 마땅하다.

"남자 80세 이상 되는 노인들을 뽑아서 잔치에 모시되 80세 이상에게는 떡과 국 외에 네 접시를 대접하고, 90세 이상에게는 여섯 접시를 대접한다네. 몸이 약하고 병들어 올 수 없는 사람의 경우에는 좌수를 시켜 집으로 음식을 보내고, 100세가 된 분이 있으면 수령이 여덟 접시의 음식을 보내 집에서 대접하도록 한다네."

노인을 모시는 예에는 반드시 교훈되는 말을 여쭈어 보는 절차[걸언(乞言)]가 있는데, 백성의 고통과 질병을 물어서 그 예에 맞도록 한다.

"노인들이 사는 데 어려움이 있는지를 여쭈어 보는 것은 형식적인 것이 아니었다네. 장횡거가 운암 현령으로 있을 때, 매월 초하루에 술과 음식을 갖추어 놓고 고을의 나이 많은 분들을 불러 관청에 모아 친히 술을 권하여 사람들로 하여금 노인을 섬기는 뜻을 알게 했다네. 그리하여 백성들의 괴로운 사정을 묻기도 하고 자식들을 훈계하는 도리도 묻곤 했지. 장횡거가 한 일이 바로 노인을 모시고 교훈이 되는 좋은 말을 여쭈어 본 예라네."

예법에 따라 시행하되 절차는 간단하게 하고, 향교에서 거행하도록 한다.

"《대학》에 '위에서 어른을 어른답게 여기고 섬겨야 백성들도 공경하는 마음을 일으킨다.'라고 했으니, 이는 곧 성균관에서 노인을 공경하는 것을 말한 것이네. 수령이 노인을 공경하는 예를 행하려고 한다면 마땅히 향교에서 해야 하네.

노인을 모시는 예는 그 순서가 이렇다네. 하루 전날에 예를 담당한 아전이 향교의 명륜당 뜰에 장막을 치고 바닥에 두껍게 멍석을 깐다네. 그 이튿날 자리를 펴는데, 그때 펴는 자리는 흰 것으로깨끗한 것을 써야 하지. 수령과 노인들의 자리를 정해 드리고, 예에 따라 노인들 가운데 가장 나이 많은 분을 빈(賓, 예를 진행하는 사람)으로 삼아야 한다네. 절차에 따라 음악이 연주되고 수령이 절하고 답례로 빈이 절을 하네. 음식을 내놓고 술을 따르고, 다 드시고 난 다음에 교훈이 되는 말을 여쭈어 본다네. 예를 담당한 아전이 붓과 종이를 빈에게 바치면 그는 교훈이 되는 말을 써서 수령에게 바치고, 수령과 빈이 서로 절을 하면 진행자가 예식이 끝났음을 알리고 음악에 따라서 퇴장한다네.

잔치를 뜰에서 여는 까닭은 수령은 마루 위에 앉고 노인들을 뜰에서 대접하는 것은 예가 아니기 때문이야. 또한 양반인 노인들은 마루에서 대접하고 평민인 노인들은 뜰에서 대접하는 것도 예가 아니지. 음식 잔치가 끝나면 기름 종이 한 장씩을 노인들에게 나누어 드려 자식들에게 남은 음식을 싸 가지고 가게 한다네. 노인 한 사람마다 자식 두 명이 부축하여 뒤에 서 있게 하고, 자식이 없는 사람은 친척이 하도록 해야 한다네."

옛날 훌륭한 사람들이 노인에 대한 예를 닦아 시행하여 이미 일반적인 예가 되었으므로 아직도 그 아름다움이 남아 있다.

"정일두(鄭一蠹, 본명은 정여창. 조선 전기의 대표적인 성리학자) 선생이 안음 현감으로 있을 때였네. 그는 유생들이 공부할 수 있는 집을 하나 지어 놓고, 고을에서 총명한 자제들을 골라 거기에서 지내게 하면서 일하다가 여가가 나면 친히 가르치고 날마다 일정하게 글을 읽고 외우게 했지. 그러자 학도들이 이 얘길 듣고 멀리서 찾아오기도 했다네.

봄·가을로 노인을 모시는 예를 행하는데, 안에서는 부인이 대접하고 밖에서는 그가 예의를 갖추어 대접하니, 안팎 노인들이 모두 취하고 배불러서 노래하고 춤추며 즐기지 않는 사람이 없었다네. 또한 정사가 맑고 백성이 모두 기뻐하여 마을 사람들이 서로 우리 사또를 속이거나 배신하는 일이 없도록 하자고 다짐했다네. 이러한 사례들이 쭉 이어져 내려왔으니 현명한 수령이라면 마땅히 양로의 예를 시행해야 할 걸세."

때에 따라 노인을 공경하는 은혜를 베풀면 백성들도 노인을 공경하게 될 것이다.

"《상산록》에 이렇게 썼네. '80세 이상 장수한 남자 21명과 여자 15명을 뽑은 뒤 털실로 짠 외출용 모자 36개를 사서 입동(立冬)에 남자에게는 자주색 모자를, 여자에게는 검은색 모자를 관청에서 나누어 주니, 그 비용이 겨우 10냥인데 백성들이 진심으로 기뻐했다. 계피와 생강 등 여러 약재를 넣은 엿 36근을 만들어서 기름종이에 싸 두었다가 동짓날 관청에서 나누어 주었는데, 그 비용이 겨우 10냥이 채 못

되는데 백성들은 진심으로 감동했다.'"

섣달 그믐 이틀 전에 노인들에게 음식을 돌려야 한다.

"생각해 보면 노인들을 모시는 예는 그리 어려운 일도 아니라네. 큰 고을이라 해도 80세가 넘은 노인은 겨우 수십 명일 것이고, 90세가 넘은 노인도 몇 명밖에 안 될 거야. 그러니 섣달 그믐 무렵에 한 사람에게 쌀 한 말, 고기 두 근을 준다 해도 들어가는 쌀은 두 섬, 고기도 60근이면 충분하네. 이것이 어찌 쓰기 어려운 비용이겠는가.

수령들 가운데는 기생과 광대를 불러 하룻밤을 즐기는 데 큰돈을 가볍게 내던지는 사람이 수두룩하네. 선비들은 이를 꾸짖고 백성들은 원망하여, 그 좋지 못한 행동을 미워하지. 이것이 바로 재물을 없애면서 원망을 듣는다는 것일세. 감사가 이것을 업적으로 평가할 리 없고, 자손들도 그것을 보고는 행장(行狀, 어떤 사람의 평생 살아 온 일을 적은 글)에 싣지 않을 것이니, 천하에 낭비하고 헛되게 버리는 것이 이런 일이 아니겠는가?

그 반이라도 떼어 노인을 모시는 예에 쓰면 얼마나 좋겠나. 영조 대왕 때는 수령이 노인을 모시는 예를 해마다 행했는데, 40년이 지난 지금은 이런 일을 한다는 소리를 전혀 듣지 못했으니, 본받아 다시 해야지 그만두면 안 되는 일이라네."

제2조 어린아이를 보살피다[자유(慈幼)]

어린아이를 보살피는 일은 선왕들의 큰 정사였다. 대대로 이를 닦아 행하여 법으로 삼았다.

"자유는 어린아이를 보살핀다는 뜻인데, 모든 아이들을 말하는 것은 아니네. 돌봐 줄 사람이 없는 고아들을 거두어 기르는 것을 말하지. 어려서 부모를 잃은 것보다 더 슬프고 불쌍한 일이 어디 있겠나? 그래서 어린아이를 보살피는 일은 소홀히 하면 안 된다네.

〈사고론(四孤論)〉이란 글을 보면 '전쟁을 만나 기근을 당하면 자식을 파는 자도 있고 도랑에 버리는 자도 있으며, 낳자마자 부모가 죽고 먼 친척조차 없어 죽는 아이도 있고, 일반 백성들 가운데 5월생 아들을 꺼려 거두지 않는 사람도 있다. 이것이 고아가 되는 네 가지 이유다. 어떤 자식 없는 집에서 거두어 기르고 가르쳐 어른이 되었는데, 어떤 사람이 '너는 이 집에서 낳은 아이가 아니니 예법에 성이 다르면 후계 자가 될 수 없다.'고 했다. 이에 곧 본래의 성으로 돌아가고자 하며 이 것이 옳다고 여기는데, 이것이 옳겠는가?'라는 내용이 있네.

보통 네 종류의 고아를 거두어 길러서 후계자를 삼고자 하는 사람은 반드시 백성들 가운데 천한 부류일 테니, 예법의 옳고 그름은 천 천히 의논해도 늦지 않을 걸세."

백성들이 가난해지면 자식을 낳아도 거두지 못하니, 그들을 타이르고 아이를 길러서 내 자식처럼 보호해야 한다.

"《국조보감(國朝寶鑑, 조선 역대 국왕의 사적 가운데 모범이 될 만한 내용을 수록한 역사서)》에 따르면, 숙종 7년(1102)에 명천 지방 사람으로 구걸하여 먹고 사는 사람이 아들을 낳았는데 죽이려 하자, 당시 감사 윤계(尹揩)가 이를 조정에 보고했네. 형조에서 보고를 받고 아뢰기를 '법조문에 따르면 곤장 60대에 도형(徒刑, 1년에서 3년까지 복역시키는 형벌의 하나) 1년에 해당된다.'라고 했더니, 임금이 최고형을 내렸네. 그러자 영의정 김수항이 '함경도는 부역이 무거워 아비와 자식이 모두 살기 어려우니, 이는 슬픈 일이지 미워할 일이 아닙니다. 또 이미 자식을 죽인 경우와는 다르니, 바라옵건대 그보다 가벼운 다음 등급의 벌을 주기 바랍니다.'라고 아뢰니 임금이 허락했다네."

우리나라 법에도 거두어 기른 아이를 자식으로 삼거나 노비로 삼는 것을 허락하였으니, 그 조례는 자세하고도 치밀하다.

"《국조보감》을 보면, 중종 6년(1511)에 전국 곳곳에 명령하여 버려진 아이들을 기르도록 했네. 또한 명종 3년(1548)에는 '굶주린 백성이 내버린 아이를 다른 사람이 거두어 길렀을 경우에는 영원히 그 기

른 사람의 아이가 되도록 한다.'라고 하여 옛 법을 거듭 밝혔다네. 현
종 3년(1662) 정월에도 버려진 아이들을 거두어 기르라고 전국에 발표
했네. 또 현종 12년(1671) 4월에는 버려진 아이를 거두어 기르는 법을
만들어, 길가에 버려진 아이를 거둔 사람은 한성부(漢城府)에 알려 공
문을 받도록 하고, 자식으로 삼을지 노비로 삼을지는 자기 뜻대로 하
게 했다네."

만약 흉년이 아닌데도 아이가 버려지는 경우에는 일반 백성 가
운데 사람을 구해서 기르게 하고, 관청에서 그 양식을 보조해
주어야 한다.

"흉년이 들어 진휼을 하는 해에는 마땅히 양식을 주어야 하지만,
평년에는 백성들 가운데 거두어 기를 사람을 구해야 하네. 마침 가난
한 집 여자가 기르겠다고 응모했으나 스스로 키울 능력이 없으면, 수
령이 당연히 양식을 주어 도와주되 매월 쌀 2말씩으로 하고, 여름에
는 매월 보리 4말씩으로 하여 2년 동안 계속 줘야 한다네.
흉년이 아니라도 서울 안 개천에 때때로 아이들이 버려지는데, 대
부분 사생아라네. 하늘과 땅이 모든 생명을 태어나게 하는 이치가 그
부모의 죄를 아이에게까지 가게 하지는 않는 것이니, 이 역시 거두어
길러 백성들이 자식이나 노비로 삼도록 해 주어야 한다네."

제3조 가난한 사람을 구제하다[진궁(振窮)]

홀아비, 과부, 고아, 늙어 자식 없는 사람을 가리켜 사궁(四窮)이라 하는데, 이들은 가난해서 스스로 살아갈 수 없고 다른 사람의 도움을 받아야 살아갈 수 있다.

"《시경》에 '넉넉한 이들이야 아주 좋지만, 힘없고 외로운 사람들은 불쌍하기도 하다.'라고 한 것처럼, 오직 가난하여 의지할 곳 없는 사람만을 가리켜 사궁이라 하네. 재산이 있는 사람은 비록 부모나 형제가 없더라도 사궁에 속하지 않아.

수령은 사궁을 정할 때 세 가지를 보는데 나이, 친척, 재산이 그것이야. 나이가 많고, 친척이나 재산도 없어서 참으로 의지할 데 없는 가난한 사람은 관에서 양식을 지급하여 이들을 돌봐 주어야 한다네."

혼인을 권하는 정책은 우리나라 역대 임금이 남긴 법이니, 수령은 성심을 다해 지켜야 한다.

"《경국대전》에 정하기를 '선비 집안의 딸로 나이 30세가 되도록 가난해서 시집을 못 가면, 예조에서 왕에게 아뢰어 필요한 물품을 주고 그 집 가장은 중죄로 다스린다.'라고 했네. 세상에 남녀가 혼기를 놓치는 일보다 더 우울한 일은 없을 거야. 백성의 부모가 되어 어찌 걱정하지 않을 수 있겠나."

매년 정월에 나이가 다 차도록 혼인하지 못한 사람을 골라 2월에 혼인시켜야 한다.

"고을에서 남자 25세, 여자 20세가 넘은 사람을 골라서 부모나 친척, 재산이 있는 경우는 재촉하여 혼인하도록 하되 게을리하는 사람에게는 벌을 주어야 하네. 친척도 재산도 전혀 없는 사람의 경우에는 마을에서 덕망 있는 사람을 뽑아 중매자로 삼고 짝을 구해 혼인시키도록 하는데, 관에서 돈이나 포목을 약간씩 도와주고 혼인에 필요한 옷 등의 물품은 관에서 빌려 주도록 한다네.

만약 가난한 집과 부유한 집 사람이 혼인하는 경우나, 가난한 두 집이 혼인하는 경우 수령이 한 번 권하는 것이 보통 사람이 백 번 말하는 것보다 훨씬 나으니, 한 마디 말을 아껴 덕을 베풀려고 들지 않을 수 있겠는가."

제4조 상을 당한 사람을 도와주다[애상(哀喪)]

상을 당한 사람에게는 부역을 줄여 주는 것이 옛날 법도였다.
수령이 결정할 수 있는 것은 모두 면제해 주어도 좋다.

"〈월어(越語, 《국어(國語)》의 편 이름)〉에 보면 '구천(句踐, 와신상담이라는 고사에 나오는 월나라 왕)이 백성에게 약속하기를, 가문의 상속자가 죽으면 3년 동안 관에서 시키는 일을 면제해 주고 아들이 죽으면 석 달 동안 관에서 시키는 일을 면제해 준다.'라고 했네. 마땅히 법을 정해 부모 상을 당한 사람의 경우 100일이 넘기 전까지는 모든 부역을 너그럽게 면제해 주는 것이 아마 옛 뜻을 살리는 방법일 걸세."

"사람들에게 도움이 되었겠네요."

"그런데 거짓과 속임수가 많고 거짓을 가려내기 어려운 경우가 있으니, 수령은 항상 잘 살펴야 하네."

백성이 죽었는데 너무 가난해서 염습(殮襲)도 못하고 시체가 구렁텅이에 버려질 형편인 경우에는 관청에서 경비를 내어 장사를 지내 주어야 한다.

"《시경》에 '길에 죽은 사람이 있으면 묻어 주기도 하건만.'이라고 했네. 길 가는 사람도 그러한데 백성의 부모가 되는 수령이야 더 말할 나위가 있겠나. 평소에 백성들에게 명령을 내려 죽은 사람이 있으면 즉시 보고하고, 이웃이나 친척이 있는 경우에는 관에 보고할 것도 없이 거두어 매장하라고 해야 하네. 그리고 보고가 있으면 관에서 수백 전을 주어 죽은 사람을 염하고 이웃과 친척들도 각기 힘을 보태어 입관하여 매장해야 된다네."

기근과 유행병으로 죽는 사람이 잇달아 나올 때는 거두어 묻어 주는 일과 진휼을 함께 시행해야 한다.

"《속대전》에 정하길 '서울과 지방에서 유행병으로 모든 가족이 죽어서 매장해 줄 사람이 없으면, 휼전(恤典, 이재민을 구하기 위해 내리는 특별한 정책)을 시행한다.'라고 했네. 내가 곡산 부사로 있을 때 겨울에 갑자기 독감이 유행하여 죽은 사람이 너무 많았지. 이들을 거두어 묻는데, 아전이 '조정의 명령이 없으니, 공적은 없을 것입니다.'라고 했다네."

"그래서 어떻게 하셨죠?"

"'장차 명령이 내려올 것이다.'라고 하고는 계속 시체를 묻어 줬지. 죽은 사람의 명단을 기록한 장부를 만들고, 친척이 없는 사람은 관에서 돈을 대어 묻게 했네. 한 달이 지나자 조정에서 비로소 명령이 도착했는데, 감사가 불같이 장부를 재촉했어. 다른 읍에서는 갑자기 장부를 꾸미느라 여러 차례 문책을 받았지만, 나는 이미 정리해 놓은 것을 바치고 차분하게 일을 마쳤지. 그래서 아전들도 매우 기뻐한 적이 있었네."

향청의 관리, 아전, 군교 집안에서 상을 당했거나 당사자가 죽었을 때는 당연히 부의(賻儀)와 위로를 하여 은혜로운 마음을 남겨야 한다.

"옛날에 조정의 신하가 상을 당했을 때는 왕이 반드시 직접 위로하고, 그의 소렴(小殮, 염습의 처음 단계로 시신을 옷과 이불로 싸는 일)과 대렴(大斂, 소렴을 행한 다음 날 시신에 옷을 입히고 이불로 싸서 베로 묶는 일)을 보고 수의도 보내 주었으며, 장사에는 삼베와 비단도 보내 주었네. 수령도 자기 아랫사람들을 위해 마땅히 그와 같은 인정을 베풀어야 하네. 아전과 군교 본인이 죽거나 부모 상을 당하면 종이와 초를 보내고, 죽과 미음을 권하여 먹게 해야 하네. 또한 좌우에서 도와주는 향청의 관리가 죽거나 상을 당해도 그와 같이 해야 하지. 그들이 장례를 지낼 때는 술 한 잔과 안주 두 접시를 예리에게 보내서 위로하는 것도 잊지 말아야 해."

제5조 병자를 돌보다[관질(寬疾)]

장애인이나 위독한 병자는 부역을 면제해 주는데, 이것을 관질
이라 한다.

"《주례》 보식육정의 다섯 번째가 관질이라네. 후한 때 사람인 정현
(鄭玄)은 '지금 곱사등인 사람은 일할 수 없기 때문에 군졸로 계산해
서는 안 된다.'라고 했네. '관(寬)'이란 부역을 너그럽게 면제해 준다는
뜻이지.

요즘 수령들은 백성을 혹독하게 대하고 인자하지도 못해. 어떤 시
골 여인이 젖먹이를 안고 관가에 와서 '이 애가 부엌에서 불에 데어
지금 손발을 못 쓰게 되었으니, 새로 배정된 군역에서 너그럽게 **빼**
주시길 바랍니다.' 하고 호소했는데, 수령은 '그래도 밭 가운데 허수
아비보다야 낫지 않느냐?'라고 하면서 들어 주지 않았으니 얼마나 서
글픈 이야기인가!"

"정말 심하네요."

"앞을 못 보는 사람, 말을 못하는 사람, 다리를 저는 사람, 생식 기
능이 불완전한 사람 등은 군적에 올려서도 안 되고, 부역을 시켜도
안 될 것이네."

염병(장티푸스)과 천연두 및 여러 가지 민간병으로 죽거나 요절하는 재앙이 유행할 때는 반드시 관에서 구제해야 한다.

"《경국대전》에 '환자가 가난하여 약을 살 수 없을 때는 관에서 약을 주고, 지방에서는 그 고을에서 약을 주어야 한다.'라는 규정이 있네. 내가 강진에 있을 때인 기사년(1809)과 갑술년(1814)에 큰 흉년을 만났고, 그 이듬해 봄엔 염병이 크게 유행했네. 내가 염병에 좋은 생부자라는 약재를 써서 살려 낸 사람들이 많았지. 약재를 구하는 건 어렵지 않네. 어디서나 구할 수 있고 값도 싸니, 관에서는 그걸 구해 백성들에게 도움을 주어야 하네."

유행병이 돌면 죽는 사람도 많이 생긴다. 이들을 구해 치료해 주고 묻어 주는 사람에게는 마땅히 상을 주도록 조정에 청해야 할 것이다.

"무오년(1798) 겨울에 갑자기 독감이 유행해서 죽는 사람이 많았어. 조정에서는 부유한 백성들로 하여금 구할 수 있는 사람은 구해 치료해 주고 죽은 사람은 묻어 주라는 명령을 내리고, 그들에게 3품과 2품의 벼슬을 내린다고 했어. 내가 곡산 부사로 있을 때 이것을 임금의 약속이라고 일러 주었는데, 나선 사람이 5명이었네. 일을 마친 다음 일일이 상사에 보고했는데, 상사에서는 '다른 고을에서는 이 명령을 따른 자가 없어 이 고을만 아뢸 수가 없다.'라고 하고는 보고조차 하지 않았네. 나는 즉시 승정원에 보고를 띄워 아뢰었지."

"뭐라고 쓰셨나요?"

"내가 '앞으로 백성들은 임금의 약속을 믿지 않을 것이오. 이것은 작은 일이 아니니 마땅히 경연 자리에서 임금께 아뢰어야 할 것이오. 그렇지 않으면 내가 나중에 서울로 가서 상소하겠소.'라고 했지."

"그래서 어떻게 되었어요?"

"승정원에서 아뢰었더니, 임금께서 크게 놀라 감사의 녹봉을 2등급 내리고, 그 5명의 백성에게 모두 벼슬을 내려주셨다네."

제6조 이재민을 구하다[구재(救災)]

홍수와 화재에 대해서는 나라에 휼전이 있으니 이를 정성스럽게 행해야 하며, 규정에 없는 것은 수령이 스스로 헤아려 도와주어야 한다.

"《비국요람(備局要覽)》에서 규정했네. '물에 떠내려가고 잠겼거나 무너지고 엎어졌거나 불타서 없어진 집이 1백 호 미만인 경우는 예전 사례를 검토하여 도와주되, 큰 가구는 쌀 7말, 중간 가구는 쌀 6말, 작은 가구는 쌀 5말을 주고, 1백 호 이상이면 각각 따로 도와주되 큰 가구는 쌀 9말, 중간 가구는 쌀 8말, 작은 가구는 쌀 7말을 준다. 물에 빠져 죽었거나, 호랑이한테 물려 죽었거나, 불에 타 죽은 경우에는 각각 잡곡 1석(15말이 1석)을 준다.'

나라에서 이재민을 도와주긴 하지만, 재정이 부족하니 쉽지 않네. 허나 그것도 실제 처리하는 수령들의 능력에 달렸다고 볼 수 있지. 이재민에게 주는 쌀은 쭉정이뿐인 경우가 많다네. 이재민에게 곡식을 줄 때 수령은 마땅히 눈앞에서 방아질하고 키질해서 나누어 주도록 해야 하네. 줄어든 것이 많을 테니, 매 1석마다 수령은 쌀 3말씩을 보충해 주고, 12말보다 적을 경우에는 창고 아전에게 채우도록 시켜야 하네."

"그렇군요."

"물에 빠져 죽거나 불에 타 죽는 것은 한 사람의 재앙일세. 만일 그 집이 무너지고 생명마저 잃었을 경우, 곡식을 이중으로 줄 수는 없으니 더 많은 쪽을 택해야 한다네. 또 호랑이한테 물려 죽은 사람은 이재민에게 주는 곡식 외에 더 줄 필요는 없고, 다만 그 호랑이를 잡아 원수를 갚아 주면 된다네."

재난이 있을 것을 생각하고 예방하는 것이 재앙을 당한 뒤에 은혜를 베푸는 것보다 낫다.

"머리를 그슬리고 이마를 데어 가며 불을 끄는 것은, 굴뚝을 구부려 돌리고 아궁이 근처의 나무를 딴 곳으로 옮기는 것만 못한 일이네. 산골 백성의 집이 지대가 낮고 물과 가까울 때는 마땅히 평상시에 옮기도록 해야 하네. 큰 마을이 이루어져 옮길 수 없을 때는 여름에 배를 준비해야 해. 또 큰 마을은 화재에 대비해서 웅덩이를 파 물을 저장하게 하거나, 항아리에 물을 저장하도록 해야 하네. 불을 끌때는 거적 같은 것을 물에 적셔 덮어야지, 지붕을 올려다보고 물을 끼얹는 것은 헛수고야. 평양이나 전주처럼 교통이 좋은 읍이나 큰 도시에는 마땅히 물총 10여 개 정도는 준비해야 할 것이네.

인조 때 이명준(李命俊)이 서원 현감이 되었을 때, 관가가 큰 내에 가까워 평소 물난리를 당할 우려가 있었네. 어느 날 저녁 물새들이 관청 마당에 모여들기에, 그가 '이것은 물이 들 징조다.'라고 말하고는 아전과 백성들에게 물난리에 대비하도록 했어. 얼마 뒤 큰물이 성안에 차서 초가집들을 다 휩쓸어 갔는데, 백성들은 미리 대비했기 때문에 전부 살 수 있었지."

둑을 쌓고 방죽을 만드는 것은 홍수도 막고 수리(水利)도 일으키는 일거양득의 방법이다.

"내 집이 한강 가에 있어 매년 여름과 가을에 큰 물이 들 때마다 집들이 아래로 떠내려 오는 것을 보는데, 마치 이른 봄철 물 위에 떠 있는 얼음 같았네. 때로는 닭이 지붕 위에서 울고, 때론 의복들이 문틈에 걸려 있기도 했지. 금년도 이와 같고 내년도 또 그러하니, 이는 수령들이 백성들을 안전하게 해 주지 못했기 때문이네.

읍이 큰 강물 가에 있는 경우, 수령은 물가에 있는 마을을 돌아보고 잠길 염려가 있는 마을은 높은 곳으로 옮기게 하고, 큰 산기슭에 있는 마을은 뒤에 따로 긴 둑을 쌓아 폭우와 급류를 막아야 하네. 수령은 이런 일들을 결코 소홀히 해서는 안 되네."

6. 이전·호전·예전·병전·형전·공전 각 6조

6. 이전·호전·예전·병전·형전·공전 각 6조

《목민심서》 제5편에서 제11편까지는 행정에 관한 것으로, 그 내용이 어렵고 너무 전문적이기 때문에 간단하게 정리했다. 조선 시대 정부 조직은 최고 권력자인 임금과 국정 최고 기관인 의정부, 그리고 의정부 밑에 6조로 구성되어 있는데, 6조는 나라의 각 분야 업무를 담당했다. 이조는 관리의 임명 및 승진과 관련된 일, 호조는 국세 파악 및 세금 징수와 관련된 일, 예조는 교육과 과거시험, 외교, 제사와 관련된 일, 병조는 국방, 역참이나 우편에 관련된 일, 형조는 형벌과 소송에 관련된 일, 공조는 산림, 건설, 수공업에 관련된 일을 맡았다. 국가에서 6조가 담당하던 업무를 한 고을에 그대로 옮긴 것이 6방인데 그에 관해 규정한 법률이 6전이다.

1. 이전(吏典) 6조

이전 6조의 내용은 부하들을 단속하고 아랫사람을 능력에 맞게 배치하는 일과 관련이 있다. 속리(束吏), 어중(馭衆), 용인(用人), 거현(擧賢), 찰물(察物), 고공(考功)이 바로 6조다. 속리란 아전들을 단속하는 방법, 어중이란 부하들을 잘 통솔하는 방법, 용인은 사람을 능력에 맞게 쓰는 것, 거현은 현명한 사람을 추천하는 것, 찰물은 민정을 시찰하는 방법, 고공은 업무에 대해 평가하는 것이다.

2. 호전(戶典) 6조

호전 6조는 6전 가운데 내용이 가장 많은데, 백성들에게서 거두는 세금과 직접 관련이 있는 것들이다. 전정, 세법(稅法), 곡부(穀簿), 호적(戶籍), 평부(平賦), 권농(勸農)이 해당된다. 전정에서는 우리나라 토지 정책의 문제점에 대해 자세히 다루었고, 세법에서는 과거에서 현재까지 시행된 세법의 여러 장단점을 다루었다. 곡부에서는 백성들과 관련된 환곡의 문제점과 개선 방향을, 호적에서는 예로부터 오늘날까지의 호적 제도에 대해 다루면서 올바른 호적 조사를 위해 해야 할 일을 밝혔다. 평부에서는 공평하게 세금을 매기기 위해 해야 할 일, 권농에서는 세금 징수의 기반인 농업을 권장하기 위해 수령이 힘써야 할 일을 다루었다.

3. 예전(禮典) 6조

예전 6조는 제사(祭祀), 빈객(賓客), 교민(敎民), 흥학(興學), 변등(辨等), 과예(課藝)다. 제사는 문묘에 지내는 제사를 비롯해서 고을의 크고 작은 제사와 관련된 것이고, 빈객은 개인적으로나 공적으로 손님을 맞이하는 예절과 절차에 관련된 것이다. 교민은 백성들에게 풍속을 교육하는 일이고, 흥학은 학교를 활성화하여 학문을 북돋는 것이며, 변등은 신분 질서를 바로잡는 것이다. 과예는 과거시험 준비를 통해 인재를 키우는 것이다. 교육이나 문화와 관련된 다양한 내용을 다룬 부분이다.

4. 병전(兵典) 6조

병전 6조는 주로 군사와 국방에 관련된 내용이다. 첨정(簽丁), 연졸(練卒), 수병(修兵), 권무(勸武), 응변(應變), 어구(禦寇)가 그것이다. 첨정은 병역 의무자를 조사하여 병적에 싣는 것인데, 군적과 군포와 관련된 전반적인 문제를 다루고 있다. 연졸은 군사를 훈련시키는 것이고, 수병은 병기 수리, 즉 무기 정비에 대해 내용이며, 권무는 무예의 단련이고, 응변은 내란에 대한 준비와 대비, 어구는 외적의 침입에 대한 대비와 방어 방안에 관한 내용이다.

5. 형전(刑典) 6조

형전 6조는 소송과 판결, 형벌과 옥사 등에 관한 행정 업무를 다룬다. 청송(聽訟), 단옥(斷獄), 신형(愼刑), 휼수(恤囚), 금포(禁暴), 제해(除害)로 구성되어 있다. 청송은 백성들 사이의 소송을 듣고 판결을 내리는 것이다. 단옥은 범죄 사실을 판결하는 것이며, 신형은 형벌을 신중히 행하는 방안이고, 휼수는 죄수를 불쌍히 여겨 감옥에 갇힌 사람들을 돌보는 방법이다. 금포는 포악하고 악한 무리들이 백성들을 괴롭히는 경우 그들을 제재하고 억압하여 백성들을 편안하게 하는 방법이고, 제해는 백성들에게 위험이 되는 요소들, 즉 도둑, 잡귀, 호랑이 등을 제거하고 미리 방지하는 것을 말한다.

6. 공전(工典) 6조

6전의 마지막인 공전은 백성들의 경제 활동과 관련된 내용이다. 산림(山林), 천택(川澤), 선해(繕力), 수성(修城), 도로(道路), 장작(匠作)이 그것이다. 산림은 산림 정책, 천택은 강과 물 등 수리에 관한 정책이며, 선해는 관청 수리, 수성은 성을 쌓고 그것을 견고히 하여 잘 지키는 것, 도로는 백성들이 다니는 길과 다리를 잘 닦고 건설하는 것, 장작은 필요한 농기구와 생활과 관련된 물품들을 만들고 제조하는 것을 말한다.

7. 흉년에 백성을 구제함[진황 6조]

賑荒 7. 흉년에 백성을 구제함[진황 6조]

진황(賑荒) 6조는 비자(備資), 권분(勸分), 규모(規模), 설시(設施), 보력(補力), 준사(竣事)다. 흉년에 가난한 백성을 구제하는 것을 진황이라 한다. 비자는 흉년에 백성을 위해 갖추어야 할 물자와 그 준비에 대한 내용이다. 권분은 부자들로 하여금 가난한 사람들에게 양곡을 나누어 주도록 권하는 것이며, 규모는 어떤 기준에서 진휼을 실시할 것인가 하는 세부적 계획을 말한다. 설시는 구제 방안의 실시 과정에 관한 것이고, 보력은 여러 방면에서 백성들을 도와주는 방안에 관한 것이다. 준사는 백성을 돕는 일을 마치고 나서 처리해야 할 일들에 관한 내용이다. 이 장에서는 흉년이 닥쳤을 때 백성들, 특히 빈민들을 구제하기 위해 수령이 어떻게 노력해야 하는지를 다루고 있다.

제1조 물자를 미리 준비하다[비자(備資)]

황정(荒政, 흉년에 백성을 구하는 정책)은 선왕이 마음을 쏟았던 일이니, 목민관의 재능을 여기서 알아 볼 수 있다. 황정이 잘 되어야만 목민의 일을 다 했다고 할 수 있다.

"옛 왕들은 황정을 매우 중요하게 생각했는데, 《주례》에 보면 황정을 펼 때 열두 가지 방법으로 백성들을 구제했다고 되어 있네."

"열두 가지는 어떤 것이죠?"

"첫째는 산리(散利)로 종자와 양식을 빌려 주는 것이고, 둘째는 박정(薄征)으로 세금을 가볍게 해 주는 것이며, 셋째는 완형(緩刑)으로 형벌을 가볍게 하는 것이지. 그리고 넷째는 이력(弛力)으로 부역을 면제하여 쉽게 하는 것이고, 다섯째는 사금(舍禁)으로 산과 늪에 대한 금지 명령을 풀어 주어 백성들이 채소와 나물을 채취하여 먹을 수 있게 하는 것이며, 여섯째는 거기(去幾)로 관문과 시장에서 조사나 감시를 하지 않는 것이야. 일곱째는 생례(眚禮)로 경사스러운 잔치나 손님을 맞는 잔치를 줄이는 것이고, 여덟째는 쇄애(殺哀)로 장례식을 간소하게 하는 것이며, 아홉째는 번악(蕃樂)으로 악기를 쓰지 않도록 하는 것이지. 또한 열째는 다혼(多昏)으로 예를 갖추지 않고 혼례를 많이 치를 수 있도록 하는 것이고, 열한째는 색귀신(索鬼神)으로 폐지되었던 제사를 조사하여 다시 지내는 것이며, 마지막 열두째는 제도적(除盜賊)으로 기근이 들면 도둑이 많아지기 때문에 도둑을 없애는 것일세. 이것이 선왕들이 흉년에 백성을 위해 힘썼던 정사라네. 선왕의 도를 행하고자 하는 수령이라면 마땅히 그대로 따라야 할 것들이지."

"흉년이 들면 수령들은 여러 가지 조치를 취해야 했네요."

"《예기》〈곡례(曲禮)〉에서 말하길 '흉년이 들어 곡식이 익지 않으면, 임금은 상에 짐승의 폐를 놓지 않으며 말에게 곡식을 주지 않고, 임금의 행차가 지나는 길에 난 풀을 없애게 하지 않으며 제사에는 음악을 쓰지 않는다. 대부(大夫)는 기름진 고기와 맛난 음식을 먹지 않으며 선비는 술자리에서 풍악을 울리지 않는다.'라고 하였네. 내가 보건대, 수령이 흉년에 여러 가지 반찬을 먹지 않고, 사람이 먹을 수 있는 곡식을 말에게 먹이지 않는다면 예를 아는 자라 할 수 있을 것이네.

《문헌비고(文獻備考, 우리나라의 문물제도를 기록한 책)》에 다음과 같은 내용이 있네.

선조 26년(1593) 서울에 큰 흉년이 들었는데, 임금이 의주 피난길에서 돌아와 교서(敎書)를 내려 말하기를 '음식을 맡은 사람이 하루에 흰쌀 6되씩을 올리는데, 내 평소에 본래 하루 세 끼를 먹지 않으니 3되의 쌀인들 어찌 다 먹겠는가? 이제 마땅히 3되를 덜어 진휼하는 다섯 곳에 나누어 보내도록 하라.'라고 하였다.

영조 36년(1760)에는 흉년이 들자 임금께서 직접 홍화문에 나와 구걸하는 사람 100여 명을 불러 죽을 먹였는데, 한 그릇 가져오게 해서 직접 맛을 보았다고 《국조보감》에 나와 있네."

"임금도 흉년에는 절약하고 백성을 구제하기 위해 힘썼군요."

"그렇다네. 생각하건대 지극히 높은 임금도 흉년에는 몸을 낮추어 음식을 줄였는데, 감사나 수령이 감히 즐기고 편안하게 있으면서 절약할 방법을 생각지 않으면 되겠는가? 아침저녁 밥은 마땅히 잡곡을 쓰고 반찬은 두 접시만 올려 남는 것을 모아 진휼에 보태며, 제사에 좋은 고기를 쓰지 않고 손님이 와도 많이 차리지 않으면 어느 정도 예에 들어맞을 것이네."

황정에는 미리 준비하는 것보다 나은 것이 없으니, 미리 준비하지 못한 경우에는 다 구차하게 될 뿐이다.

"남송 사람 여조겸(呂祖謙)이 말하기를 '황정의 방법으로는 흉년 전에 미리 준비해 두는 선왕들의 정책이 가장 좋고, 다음으로는 위(魏)나라 때 사람인 이회(李悝)의 상평법(常平法)[1]을 배우는 것이 좋으며,

그 다음으로는 모아 둔 곡식이 있어서 고루 나눠 먹을 수 있는 곳이 있으면 주고받을 수 있게 하여 백성을 그곳으로 옮기거나 곡식을 옮겨 오는 것이 좋은 방법이다. 가장 좋지 않은 방법은 어찌할 수 없어 죽을 쑤어 먹이는 것이다.'라고 하였네."

"미리 준비하는 것이 가장 좋다는 말이군요."

"그렇다네. 맹자는 '개나 돼지가 사람의 양식을 먹는데도 거두어 모을 줄 모르고, 길에 굶어 죽은 시체가 널렸는데도 창고를 열어 베풀 줄 모른다.'라고 했네. 이는 풍년에 흉년을 미리 준비하지 않고 흉년에 진휼하지 않는 것은 그 죄가 칼로 찔러 죽이는 것과 다름없음을 말한 것이네. 준비는 모든 나라가 항상 힘써야 할 일이니, 준비하지 않는 나라는 정치가 없는 나라나 마찬가지야."

흉년이라고 판단되면 급히 감영에 가서 다른 고을에 있는 곡식을 옮겨 올 것을 의논하고, 세금을 줄여 주는 방안도 의논해야 한다.

"《국조보감》에 다음과 같은 기록이 있네."

---

1) 곡물 가격의 안정을 위해 국가에서 풍년에는 곡물을 비싸게 사들이고 흉년에는 싸게 방출하던 제도다.

효종 2년(1651) 봄 황해도에 전염병이 크게 번져 약물을 나누어 보내고, 군용으로 보관한 곡식 9만 2천 석으로 백성을 구하였다. 또 효종 10년(1659)에는 통영의 곡식 1만 석을 옮겨 충청도와 전라도 백성을 굶주림에서 구하였다. 평안도에 큰 흉년이 들었는데, 임금이 굶어 죽은 시체가 널려 있다는 소문을 듣고서 눈물을 흘리며 평소 먹는 음식의 양을 줄였으며, 어사를 보내어 백성을 살리고 군보(軍保)[2]들이 내는 쌀과 노비들의 세금을 줄여 주도록 명령했다.

멀리 있는 도에서 곡식을 옮겨 오는 것은 자기 고을에 물자를 쌓아 두는 것만 못하다. 양쪽 다 편할 수 있도록 정사를 의논하여 조정에 부탁해야 할 것이다.

"청주 목사 남구만(南九萬)이 상소하길 '청주의 전세와 대동미, 기타 쌀을 위에 올릴 때, 육지와 배로 옮기는 사이에 수없이 소모되어 백성들이 3을 내면 서울에 도착하는 것은 1뿐입니다. 이제 그것을 거두어 청주에 두고서 진휼하는 재원으로 사용하면, 비록 다 구제하지는 못해도 조금은 도움이 될 것입니다.'라고 하였네. 살펴보면 역대 임

---

2) 조선 시대에 병역 대신으로 군대에 간 자식이 있는 집의 토지를 경작하여 집안일을 돌보도록 한 사람. 후기에는 기피하는 현상이 심해지면서 대신 보포(保布)라는 세금을 내게 했다.

금들은 흉년 때마다 곡식을 옮기거나 내려주고, 세금과 신포(身布, 군대를 가지 않는 대신 내던 옷감)를 덜어 주라는 명령을 내렸다고 역사서에 많이 적혀 있네. 수령은 큰 흉년을 만나면 당연히 옛일들을 살펴 방법을 생각하고, 또 빨리 감영에 부탁해서 임금의 은혜를 입을 방법을 마련해야지, 어리석게 당황하여 서두르기만 하고 임금의 은혜를 입을 기회마저 놓쳐서는 안 될 것이네."

어사가 내려와서 진휼을 관리하고 감독하면, 마땅히 빨리 가서 뵙고 진휼의 일을 의논해야 한다.

"흉년에 진휼을 감독하는 데에는 당연히 대신을 보내야 하네. 진실로 모든 백성의 생명을 살리고 한 지방을 유지하는 것이 나라의 큰 일이기 때문이야. 요즘에는 진휼을 감독하는 어사로 벼슬아치가 된 지 얼마 안 된 이들을 많이 보낸다네. 또 기사년과 갑술년에는 한 사람의 어사도 파견하지 않아 남쪽 백성들이 호소할 곳도 없이 쓰러져 죽었으니, 이 또한 옛날에는 없었던 일일세. 이미 죽어 뼈만 남았는데, 그때서야 어사를 보내 어긋나 버린 일의 이치를 따진들 무슨 소용이 있겠는가?"

이웃 고을에 곡식이 있으면 곧 개인적으로 사들여야 하는데, 조정의 명령이 있어야만 일에 막힘이 없다.

"한 해 농사의 결과가 나오면, 수령은 공용과 개인의 돈과 포목을 모아 이웃 고을로 사람을 보내 곡식을 사들여 진휼을 시행하고, 그 중간 이익이 남는 것도 서둘러 진휼에 보태야 한다네.

《속대전》에서 말하길 '각 도에서 바닷가 가까운 곳에 창고를 설치해 곡식을 모아 두었다가, 이웃 고을에 흉년이 들면 옮겨 가서 구한다.' 라고 하였네. 다만 공적인 곡식은 양이 정해져 있어 두루 나눠 주기에 부족하기 때문에, 수령이 개인적으로라도 사들여야 구제할 수 있을 거야. 흉년을 만날 때라도 이웃 도 가운데 농사가 잘 된 곳이 있을 테니, 조정에서는 그 도의 감사에게 교시를 내려 이웃 도에서 곡식을 사 가는 것을 막지 말게 하고, 공문을 가지고 오는 사람은 배를 대고 곡식을 사 갈 수 있게 해야 백성들을 널리 구할 수 있을 거네."

제2조 나누어 도와주게 하다[권분(勸分)]

권분의 법은 멀리 주나라 때부터 시작되었는데, 시대가 내려옴에 따라 정치가 쇠퇴하여 명분과 실제가 같지 않게 되었으니, 오늘날 권분은 옛날 권분하는 법이 아니다.

"권분이 무엇인가요?"

"흉년이 들었을 때 부자들로 하여금 가난한 백성들을 위해 곡식이나 재물을 내놓거나 나누어 주도록 하는 것이지.

옛날에는 백성들에게 형제 친척간의 화목, 이웃과 가난한 사람의 구제 등을 가르쳤으며 가르침을 따르지 않는 사람은 형벌로 다스렸네. 흉년이 들었을 때 남는 것을 나눠 먹도록 권하는데, 어찌 나눠 먹지 않는 백성이 있겠는가? 형제에게 나누어 주고, 친척에게 나누어 주고, 이웃에게 나누어 주고, 가난하고 외로운 사람들에게 나누어 주는 것은 왕의 명령을 따르라는 것이지, 그 재물을 관가에 바쳐 모든 백성에게 나누어 주라는 것은 아니라네."

중국의 권분법은 곡식을 팔도록 권하는 것이었지 굶주리는 백성을 그냥 먹이도록 한 것이 아니었고, 베풀도록 권하는 것이었지 관에 바치기를 권한 것은 아니었다. 모두 몸소 먼저 실천한 것이지 입으로만 한 것이 아니었으며, 상을 주어 권했지 위협한 것이 아니었다. 지금의 권분은 너무 예에서 어긋나 있다.

우리나라 권분법은 넉넉한 백성에게 곡식을 바치게 하여 일반 백성에게 나누어 주는 것이니, 이는 원래 옛 법은 아니지만 이미 관례가 되었다.

"고려 고종 13년(1226)에 교서가 내려왔는데, 그 내용은 '전라도에 기근이 심하니 저장해 놓은 곡식이 있는 고을은 창고를 열어 도와주고, 저장해 놓은 곡식이 없는 고을에서는 개인 창고에 남은 곡식을 거두어 진휼하고, 풍년이 들면 갚도록 하라.'는 거였네."

장차 부잣집을 정해서 3등급으로 나누고, 3등급 안에서 또 자세히 나눈다.

"여기서 부잣집이란 그 집안에 모아 놓은 곡식이 여덟 식구가 먹고도 남는 것이 있는 집이네. 수령은 토지 대장을 가지고 백성의 가난함과 부유함을 살핀 뒤 여론에 따라 먼저 부잣집을 골라 3등급으로 나눈다네. 상등, 중등, 하등으로 나누어 규례에 따라 나누어 줄 곡식을 정하지. 상등인 집은 값을 받지 않도록 권하고, 중등인 집은 가을 수확을 기다려 곡식으로 다시 갚을 것이니 내주라고 권하며, 하등인 집은 싼 값을 받고 내주도록 권해야 한다네."
"집안 형편에 따라 달리 하란 말씀이군요."

고을 사람 가운데 덕망이 있는 사람을 뽑아서 날을 정해 불러다가, 그 여론을 듣고 선택하여 권분할 만한 부잣집을 정한다.

"값을 받지 않고 나누어 주는 상등으로 정해진 사람과 가을에 되돌려 받는 중등으로 정해진 사람들은, 수령이 날을 잡아 초대해서 술자리를 마련하고 부드러운 말로 다음과 같이 타일러야 하네."

복을 구하는 길은 덕을 쌓는 일이 제일이고, 덕을 쌓는 방법으로는 덕을 내세우지 않는 것만한 게 없습니다. 덕을 내세우지 않는다는 것은 무엇이겠습니까? 베푼 사람은 이름을 밝히지 않고, 받은 사람은 직접 감사하지 않아도 되면 덕을 내세우지 않는 것이라고 할 수 있습니다. 사람의 본성은 스스로 베풀 적엔 만금도 아까워하지 않지만, 남이 권하면 술 한 잔도 내놓기 싫은 법입니다. 남이 권해서 베푸는 것은 그래도 힘쓸 만하지만, 관에서 권하는 것은 더욱 즐겁지 않은 것이 사실입니다. 그러나 마음에 즐겁지 않은 것을 힘써 행하는 것이 극기(克己) 아니겠습니까? 내가 베풀고도 사례를 받지 않는다면 그것이 음덕(陰德)이 아니겠습니까? 음덕은 인이며 극기는 의입니다. 이미 어질고 의로운데 어찌 복이 없겠습니까? 또 지금 조정의 명령이 매우 간곡하고 상을 내리는 법이 분명하게 있으니, 그 명령을 믿고 따르는 것이 백성의 도리입니다. 벼슬에 대한 권리는 국가에 있으니 국가가 장차 벼슬을 줄 것이며, 고을의 권리는 내게 있으니 내가 장차 줄 것입니다. 내 지키지 못할 말은 하지 않을 것이니 그대들은 그것을 믿으십시오. 조정의 명령에 믿음이 없으면 내가 장차 조정에 아뢸 것입니다. 혹시 아뢰어 받아들여지지 않는다 해도 그대들로서는 덕을 내세우지 않음이 되니, 내세우지 않는 덕은 하늘이 살필 것입니다. 중등으로 정해진 집에서 나누어 준 곡식은 가을에 갚도록 할 것이고, 만약 곡식을 받은 사람 가운데 죽은 사람이 있으면 내가 갚겠습니다.

권분이란 자기 스스로 나누어 주도록 권하는 것이다. 스스로 나누어 주도록 권하면 관청의 부담을 많이 줄일 수 있다.

"나누어 도와주라는 명령은 국가에서 내리는 것이니 피할 수 없네. 다만 그것을 절차에 따라 해야만 불만이 없을 거야. 부자 가운데 인색하여 남을 돕지 않으려는 사람이 있기 때문에 관에서 곡식을 내라고 권하는 것이지, 스스로 나누어 준다면 구태여 권할 이유가 있겠는가?"

제3조 자세한 계획을 세우다[규모(規模)]

진휼할 때는 두 가지를 잘 살펴야 한다. 하나는 시기를 맞추는 것이고, 하나는 규모를 갖추는 것이다. 불에 타는 사람이나 물에 빠진 사람을 구하는 것처럼 급한 일에서 어찌 시기를 늦출수 있겠으며, 많은 사람들을 구하고 물자를 고루 나눠 주는 일에 어찌 규모가 없을 수 있겠는가.

"홍수가 매우 심해도 그 피해는 잠긴 지역에 그치고 바람, 서리, 병충해, 우박 등도 온 나라의 재해는 아니야. 그러나 산이 불에 탈 정도로 심한 가뭄에는 온 백성이 다 굶주려서 손쓸 길이 없게 되지. 따라서 빨리 대책을 세워 조치를 취해야 하네."
"그래서 규모를 정한다는 것이군요?"
"그렇지. 규모란 어떤 일을 계획하고 범위를 정한다는 뜻으로, 여기서는 진휼을 시행하기 위해 자세히 계획하고 그에 따르는 것을 말한다네."

진조(賑糶, 돈을 받고 곡식을 주는 것)의 법은 우리나라 법에는 없지만 수령이 개인적으로 사들인 쌀이 있으면 진조를 행해도 좋다.

"우리나라 창고 제도를 살펴본 적 있는데, 대체로 환곡 제도를 만들 때에는 진휼을 명목으로 하지 않는 경우가 없었다네. 그런데 이것을 평소에 그냥 내버려 두니 아전들의 입으로 들어가서 갑자기 흉년이 들면 창고가 텅 비게 되네. 그렇다고 간악한 아전을 죽이자니 다

죽일 수도 없어. 결국 티끌 섞인 곡식을 수령에게 주어 백성을 구제하게 하니, 수령이 어떻게 굶주리는 수만 명의 백성을 구할 수 있겠는가? 만약 평소에 개인적으로 사들인 곡식이 없다면 아무 방법도 없이 보고만 있어야 하니, 한심한 일이 아니겠나? 그러므로 풍년이 들었을 때 수령은 개인적으로라도 곡식을 사서 저장해 두어야 한다네."

진휼하는 장소는 작은 고을에는 한두 곳이면 되고, 큰 고을에는 10여 개 정도 있어야 한다. 이것이 옛날의 법이다.

"우리나라 진휼법은 큰 고을이라도 오직 고을 중심부에만 진휼 장소를 설치하고, 중심부가 아닌 곳에는 창고가 있어야만 거기에 진휼 장소를 설치하도록 되어 있어 매우 불편하네. 여위고 부황이 들어 얼굴색이 누런 백성들이 비틀거리며 어떻게 멀리 진휼하는 장소까지 가서 거친 곡식 한 되, 한 말을 받아올 수 있겠는가? 지역이 크고 넓은 고을은 상사에 청하여 8,9곳을 설치하고, 수령이 직접 돌아다니며 잘 감독해야만 진휼이 제대로 될 것이네."

어진 사람이 하는 진휼은 백성을 불쌍하게 여길 뿐이다. 다른 고을에서 떠돌다 들어오는 사람도 받아들이고, 다른 데로 가려는 사람은 머물게 하여 내 땅 네 땅의 경계를 두지 않는 것이다.

"현종 때 이규령(李奎齡)이 안동 부사로 있을 때 일이네. 큰 흉년이 들어 진휼 장소를 만드는데, 중앙에서 명령을 내려 '각 고을은 떠돌아다니는 백성들을 받아들이지 말라.'고 했다네. 이를 듣고 이규령이 '모두 우리 백성인데 어찌 고을을 나누겠는가. 길바닥에서 굶어 죽는 것을 그냥 보고만 있을 수는 없다.'고 말하며 임시 막사를 세운 뒤 미음과 죽을 쑤어 그들을 먹여 살렸다네. 그리고 직접 현장에 가 보기도 하고, 또 고을의 덕망 높고 능력 있는 사람에게 이 일을 하도록 하여 그 고을에는 길바닥에 죽은 시체가 없었어. 그러자 어사와 감사가 연달아 상을 주어야 한다고 올려 조정에서 상을 내렸지."

이어서 말씀하셨다.

"이지함(李之菡. 호는 토정. 조선 선조 때 학자이자 기인으로 《토정비결》의 저자)이 현령으로 있을 때 일이라네. 떠돌아다니던 백성들이 떨어진 옷을 입고 구걸하는 것을 불쌍히 여겨 큰 집을 지어 머물게 하고, 수공업 기술을 가르쳐 주며 일일이 직접 타이르고 친절히 깨우쳐 주어 먹을 것 입을 옷을 스스로 해결하도록 했네. 그 가운데 가장 재능이 없는 사람들에게는 짚신 삼는 법을 가르치니, 하루에 충분히 10켤레를 만들어 팔 수 있었어. 하루 노력으로 누구나 1말 정도의 쌀을 살 수 있었으니, 먹고 남은 나머지로는 옷까지 살 수 있었다네. 몇 달 사이에 재능이 없는 이들도 쌀과 옷이 충분하게 되었지. 이는 풍년 든 해에 떠돌아다니던 백성들을 거둔 경우였네."

값을 내려서 곡식을 파는 법과 무상으로 구휼하는 법은 마땅히 예전 사례를 널리 살펴보고 법으로 삼아야 할 것이다.

"중국의 진휼법에는 두 가지가 있네. 하나는 진조이고, 또 하나는 진제(賑濟, 쌀을 무상으로 주는 것)라네. 곡식이 부족한 사람에게는 진조를 하고 곡식이 없는 사람에게는 진제를 했다네. 우리나라 법은 서울에서는 진조를 많이 하고 그 밖의 읍에서는 진제를 많이 하도록 되어 있는데, 아마도 중국의 법만 못한 듯하네.

중국은 5일에 한 번 쌀을 나눠 주는데, 우리나라는 10일에 한 번 나눠 주네. 중국은 쌀을 나눠 주는 장소가 많아 사람들이 멀리 가지 않아도 되기 때문에 자주 나눠 줄 수 있었지. 옛 책들을 두루 살펴보고 그것을 참고하면 백성들에게 큰 도움이 될 것이네."

제4조 준비하고 시행하다[설시(設施)]

진휼하는 관청을 설치하여 감독관을 두고, 가마솥과 소금, 간장, 미역, 마른 새우를 준비해 놓는다.

"모든 일이 사람을 얻는 데 있으므로 사람을 제대로 얻지 못하면 일을 잘할 수가 없네. 도감(都監, 임시 진휼청의 관리) 1인, 감관(監官, 진휼청의 일 진행을 감독하는 관리) 2인, 색리(色吏, 관아의 출납을 맡은 아전) 2인은 반드시 청렴하고 신중하여 일을 잘 아는 사람으로 골라야 하네. 특히 촌감(村監, 각 고을의 임시 진휼 책임자)의 경우 더욱 사람을 잘 골라야 해. 흔히 보면 촌감은 뇌물을 받아 나쁜 짓을 하곤 하지. 단지에 곡식을 모아 놓은 사람에게도 몇 식구를 더 붙여 쌀을 주고, 홀아비와 과부로 의지할 데 없는 사람은 제외해서 죽어가는 것을 보기만 하며, 아전들과 어울려서 갖은 방법으로 나쁜 짓을 하네. 그러니 진휼할 집을 뽑는 일은 절대로 이런 사람에게 맡겨서는 안 되네. 청렴하고 신중한 사람을 엄격하게 뽑아 진휼 책임자로 삼고, 면마다 각각 한 명씩을 두어 그 고을을 맡도록 해야 하네. 집집마다 굶는 사람이 늘기도 하고 줄기도 하여 죽는 사람도 생기니, 가난한 집에는 한두 식구 몫을 더 붙여 주도록 해야 하네."

"나누어 주기 전에도 준비해야 할 것이 많군요."

"그렇다네. 가마솥은 절에서 빌리기도 하고 무기 창고에서 가져오기도 하고 사기도 하고 거두기도 하는데, 반드시 아주 큰 것으로 5개를 구해야 하네. 그리하여 창고 뜰에 따로 초가를 만들어 5개의 가마솥을 걸어 놓고, 한 가마솥에 50명 분의 죽을 쑨다면 250명을 먹일 수 있지. 굶주린 사람에게 따뜻한 죽을 먹이면 어찌 좋은 일이 아니겠는가. 요즘은 죽 쑤는 사람이 한두 개의 가마솥만 사용해서 밤새도록 죽을 끓여 큰 항아리에 부어 놓고는 다 식고 묽어진 죽을 춥고 배고픈 사람에게 먹이니, 너무나 어질지 못한 일일세.

그리고 흉년에는 소금 값이 오를까 항상 걱정이지. 굶는 백성들은 나물을 식량으로 삼는데, 소금을 넣지 않은 나물은 잘 삼킬 수 없기 때문에 소금 값이 두 배로 오르게 되네. 그러니 가을장마가 갤 무렵 소금 만드는 이를 불러 소금을 굽게 하고, 간장도 직접 맛보아 좋은 것을 저장해 두어야 한다네. 미역은 반드시 초가을에 싱싱하고 좋은 것을 구해 두어야 해. 마른 새우는 한 줌에 값이 1문이니, 1전을 들이면 5개의 가마솥에 섞을 수 있네. 100여 차례 죽을 쑤어도 그 비용이 10냥에 지나지 않지만, 백성들이 기뻐하고 칭찬하는 소문이 널리 퍼지는 것은 천금에 해당할 만하니, 무엇이 아까워서 이를 하지 않겠는가?"

곡식을 키질하여 그 알곡의 양을 헤아리고, 굶주린 사람의 수를 세어 그 실제 인원 수를 정해야 할 것이다.

"곡식으로 먹을 수 있는 것은 오직 알맹이뿐이야. 껍질이나 쭉정이, 겨는 아무리 많아도 먹을 수 없네. 국가에서 공적으로 나누어 준 곡식과 감영에서 나누어 준 곡식은 모두 쭉정이와 겨뿐이라 쌀은 얼마 되지 않는데도, 숫자를 속여 몇 섬이라고 하지. 그것을 받아 와 보면 먹을 것이 없으니 어디에 쓰겠나. 수령이 진휼하려고 할 때는 마땅히 국가 곡식, 감영 곡식, 그 고을 곡식이나 이웃 고을에서 옮겨 온 곡식을 모두 키질하여 먼지와 잡티를 없애고, 알곡만을 남겨 가마(1가마는 10말)에 잘 담아 단단히 묶어서 창고에 굳게 넣어 두고, 그 실제 양을 가지고 계산해야 하네."

이어서 진휼에 필요한 진패(賑牌), 진인(賑印), 진기(賑旗), 진두(賑斗), 혼패(睯牌)를 만들고, 진력(賑曆)을 정리한다.

"굶는 백성을 위해 진휼 장소를 만들고 나면 구체적으로 일을 추진해야 한다네. 진패는 진휼 받을 사람임을 표시한 나무패일세. 진인은 진패의 내용이 맞는지 확인할 때 사용하는 도장이고, 진기는 쌀을 나누어 주거나 팔 때 내거는 깃발이지. 이렇게 깃발을 세우고 쌀을 나누어 주는 이유가 뭔지 아는가?"

"잘 모르겠습니다."

"천하의 일은 모두 예일 뿐인데, 예라는 것은 절제요 절제라는 것은 법이네. 다섯 사람이 모인 곳에 예법이 없으면 그 사람들은 반드시 어수선해진다네. 그러니 천 명 만 명이 모이는 곳에서야 말할 필요가 있겠는가. 많은 대중이 모여 있다 보면 어지러워질 수 있기 때문에 깃발을 세우지 않고서는 일을 할 수가 없다네.

진두는 진휼할 때 쓰는 되로, 진휼 장소마다 같은 크기의 되를 사용하도록 하기 위해 진두를 사용하는 것이라네. 관청의 규정에 따라 되를 만들고, 관청에 가서 낙인을 찍은 뒤에 그 마을에 두어야 해. 그래야 쌀을 받는 백성들도 불만이 없다네. 혼패는 진휼하는 관청에 쓸데없이 드나드는 사람을 막기 위해 만든 일종의 출입증이야. 진휼 장소에 필요한 사람은 많지 않으니, 30개를 만들고 혼패가 없는 사람은 들어가지 못하게 해야 하네."

"진력은 어떤 것이죠?"

"쌀을 받을 사람이 죽는 경우도 있고, 또 많아지거나 줄어드는 경우도 있으니 그 변화를 적어 놓는 장부라네. 아침저녁으로 정리해야 정확하게 알 수 있지."

소한(小寒) 10일 전에 진제의 규칙과 진력 1부를 써서 모든 고을에 나눠 줘야 할 것이다.

"여러 조항들이 모두 새 법이기 때문에 나이 든 백성들도 들어 보지 못했을 거야. 그러니 마땅히 한 통을 깨끗이 써서 모든 마을에 나눠 주어야 하네. 그리고 모든 마을에서 글을 잘 쓰고 일을 잘 아는 사람을 뽑아 관아에 와서 배우게 하는데, 수령은 특별히 지혜로운 형리를 뽑아 그로 하여금 수령 앞에서 자세하고 분명하게 가르치게 하여 모르는 것이 없도록 한 뒤에 자기 마을로 돌아가서 백성들을 가르쳐 구체적인 내용을 알게 해야 하네. 진력은 이날 관아에서 나눠 주고, 그 뒤로는 모두 그 마을에서 정해진 형식에 따라 10일에 한 번씩 정리하여 수령에게 올리게 해야 해. 소한 3일 전에 수령이 창고에 나가 살펴보고 만약 잘못된 것이 있으면 고쳐 완전하게 해야 한다네."

소한 날, 수령은 일찍 일어나 패전(牌殿, 진패를 모신 전각)에 나아가 절하고, 진휼 장소에 가서 죽을 쑤어 먹이고 쌀을 지급해야 할 것이다.

"이날 패전에 나아가 향을 피우고 네 번 절한 뒤 엎드려 마음속으로 이렇게 말해야 한다네. '재주가 부족한 소신이 이런 큰 일을 맞아 오직 충성과 지혜를 다해 임금께서 맡겨 주신 수많은 백성들의 목숨을 지키려 합니다. 하늘이 굽어 살피는데 제가 어찌 마음을 다하지 않겠습니까.' 예가 끝나면 섬돌에 올라가 앉아 문무 군교와 아전을 불러 패전 뜰에 엎드리게 하고 다음과 같이 말해야 하네."

모든 백성은 우리 임금의 자식이요. 굶주린 백성들은 그 자식들 가운데 어려움에 처한 이들이다. 문무 군교와 아전은 그 자식들의 형이요 어른이니, 우리 아우들이 어려움에 처해 죽어 가는데 나와 너희들이 어찌 힘을 다해 구하지 않겠는가? 너희 문무 군교와 아전들은 이 뜻을 알아 진휼하는 일에 충성과 지혜를 다해 한마음으로 이 큰 일을 이루어 나가야 할 것이다. 만약 속이거나 충성스럽지 못하면 하늘의 위엄이 눈앞에 있고 천지 귀신이 밝게 둘러보고 있으니, 아! 두려워할 일이다. 모두 행동을 삼가라.

입춘(立春)에는 진력을 정리하고 진패를 손질하여 크게 그 규모를 정비하고, 경칩(驚蟄)에는 진대(賑貸)를 나눠 주고, 춘분(春分)에는 진조를 나눠 주며, 청명(淸明)에는 진대를 나눠 준다.

"진휼 업무가 입춘에 이르면 그 장부가 복잡해지지. 그러므로 오래된 장부는 다 없애고 오래된 진패는 거둬들여 새롭게 손질하며, 새 진력을 만들고 새 진패를 나눠 줘야 한다네. 그리고 입춘 10일 후에 또 한 번 정리해서 고쳐야 하지.

진대는 곡식을 가을에 되돌려 받는 환곡이고, 진조는 싸게 파는 것을 말하네. 경칩이면 땅이 풀리고 농사가 시작되므로 먼저 양식을 나눠 주고, 청명에는 씨를 뿌리는 것이 급하니까 씨앗을 나누어 주네. 소한에서 망종(芒種)까지는 153일인데, 이제 150일로 정해서 나누어 주면 남는 날이 3일이네. 그 기간 동안에 쌀을 지급하는 날을 혹 하루씩 빼서 망종까지 간다 해도 백성들은 원망하지 않을 걸세. 이웃 고을에서는 소한보다 한참 지난 설 뒤에 나누어 주는데, 나는 소한부터 나누어 주니 3일 동안 지급하지 않는 것을 가지고 백성들이 어찌 원망하겠나.”

떠돌며 구걸하는 사람들은 가장 불쌍한 백성으로 호소할 데가 없는 사람들이다. 어진 수령이라면 정성을 다하고, 소홀히 해서는 안 된다.

“중국의 진휼은 떠도는 백성을 중심으로 이루어지기 때문에 백성들 가운데 진휼을 받아 다시 살아난 사람이 많다네. 그런데 우리나라는 정착해서 사는 백성을 중심으로 하기 때문에 떠돌며 구걸하는 사람은 진휼을 시행해도 거의 다 죽게 되니 어찌 슬프지 않겠나.

장횡거가 〈서명(西銘)〉에서 이르기를 ‘홀아비, 과부, 고아, 늙어 자식 없는 사람, 곱사등인 사람, 병자들은 모두 나의 형제 가운데서도 어려운 처지에 있으면서 하소연할 곳이 없는 사람들이다.’라고 하였으니, 사람들이 진심으로 장횡거의 마음을 자기 마음으로 삼는다면 떠돌며 구걸하는 백성을 차갑게 대하지는 못할 것이네.”

“그럼 떠도는 백성을 위해 수령은 어떻게 해야 하나요?”

“농사가 풍년인지 흉년인지 드러나면, 수령은 추분에 미리 읍내

한적한 곳에 작은 집 서너 채를 사서 '동짓날 반드시 와서 살 사람들이 있을 것이니, 너희들은 이사했다가 내년 망종에 살던 사람들이 가고 나면 다시 돌아오너라.' 하고 집을 판 사람들과 약속해야 하네. 흉년이 들어 살기 어려워지면 찾아오는 사람들이 있을 것이기 때문이야. 만약 주위 사람들이 '집은 사서 무엇 하려는가?'라고 물으면, 수령은 '뒷날 반드시 와서 살 사람이 있을 것이다.'라고 대답하면 되네. 그곳을 '유걸원(流乞院)'이라 하지 않는 이유는 소문이 먼저 멀리 퍼져 모여드는 사람이 너무 많으면 제대로 구제할 수 없을까 걱정해서라네. 동지가 지난 뒤 떠돌며 구걸하는 사람들이 점차 모여들면, 수령은 따로 집 한 채를 빌려서 우선 죽을 먹게 하고, 많이 모이면 가을에 사 두었던 집을 청소하여 그들을 들어가 살게 한다네. 그리고 따로 인자하고 일을 잘 아는 사람을 뽑거나 아전이나 군교 가운데 사람을 뽑아 책임자로 삼는다네."

　죽은 사람의 명부는 일반 백성과 굶어 죽은 백성을 각각 따로 1부씩 만든다.

"대부분 수령은 굶어 죽은 백성에 대해서는 전혀 살피지 않네. 향임이나 아전이 대강 몇 명이라고 보고하면, 수령은 이것을 숨기고 상사에 굶어 죽은 사람이 하나도 없다고 보고하여 임금이 굶어 죽은

사람의 실제 숫자를 알지 못하게 하지. 이는 큰 죄야. 모든 고을이
다 숨기는데 나 혼자만 실제 숫자를 보고하면, 모든 고을은 무죄가
되고 나만 죄를 받게 된다는 것을 모르는 건 아니네. 그러나 진휼의
정사는 다른 고을들보다 잘했는데, 죽은 사람이 다른 고을보다 많아
벌을 받는 것은 천하의 큰 영광이야. 선비가 글을 읽고 몸을 닦는 것
은 바로 이런 곳에 쓰기 위함이니, 죽은 사람의 수를 하나도 숨겨서
는 안 된다네."

제5조 힘껏 도와주다[보력(補力)]

농사가 흉년이라고 판단되면 논을 밭으로 만들어 일찍 다른 곡
식을 파종하도록 하고, 가을에는 보리를 심으라고 거듭 권해야
한다.

"이것을 '대리 파종'이라고 한다네. 즉, 쌀 대신 다른 곡식의 씨를
뿌리는 것인데, 대신 뿌리는 곡식은 몇 가지밖에 안 된다네. 하나는
차조요 다른 하나는 메밀이고, 또 다른 하나는 늦콩이지. 이 세 곡식
의 씨는 평년에 수백 석씩 모아 두었다가 뜻밖의 사태에 대비해야 하
네. 만약 그렇지 못하면 백성들에게 개인적으로 모아 두게 하여 가뭄

에 대비하도록 해야 한다네.

순조 9년(1809)에 여름 농사가 흉년으로 판단되자, 조정에서는 명령을 내려 메밀을 심도록 했네. 그런데 남쪽 변두리 수십 고을에서는 메밀 씨앗을 구할 수 없었어. 오직 영암군에만 메밀 200여 가마가 있었지. 감사가 명령을 내려 여러 고을이 나누어 쓰라고 하자, 각 고을에서 백성을 데리고 찾아 갔다네. 그런데 영암 사람 수천 명이 모여 거절하니, 수령도 이를 못하게 막을 수가 없었어. 그래서 모두들 서운해하면서 돌아갔다네. 미리 준비한 고을과 그렇지 않은 고을은 이처럼 차이가 난다네.

또 대리 파종하는 논에는 미리 세금을 내지 않게 해 주겠다고 약속해야 백성들이 기꺼이 파종을 하지, 그렇지 않으면 관에서 권해도 대리 파종을 하지 않으려 할 걸세.

중복(中伏)에 수령은 여러 마을에 글을 내려 백성들에게 대리 파종을 하도록 권해야 하네. 그 씨앗을 알아보고 옮겨 올 수 있으면 옮겨 오고, 살 수 있으면 그렇게 하되 백성들과 함께 빠르게 처리해야지 늑장을 부려서는 안 된다네."

봄철에 해가 길어지면 공사를 할 만하니, 관사가 허물어져 고쳐야 할 곳이 있으면 이때 수리해야 한다.

"북송 사람 범중엄(范仲淹)이 절서 지방을 다스릴 때 이야기라네. 오지방에 큰 흉년이 들자 그는 백성들에게 배로 물을 건너는 경주를 하게 하고 자신도 날마다 서호(西湖, 중국 양자강 근처에 있는 전당호) 가에 나가 잔치를 베풀었지. 그래서 봄부터 여름까지 백성들이 동네를 비우고 나와 놀았다네. 그는 여기에 그치지 않고 '흉년이 든 해에는 품삯이 매우 싸게 든다.'라고 하며 사찰마다 토목 공사를 크게 하도록 권했어. 그리고 창고와 관사를 수리하며 날마다 1천 명의 사람을 동원했다네."

"다른 사람들이 뭐라고 하지 않았나요?"

"그랬지. 감사가 백성을 구하는 정사 대신 절제 없이 흥청거리며 놀고, 관이나 개인이나 공사를 일으켜 백성들의 힘을 없앤다고 비판했지."

"어떻게 되었나요?"

"범중엄이 조목조목 적어 아뢰기를 '잔치를 벌이고 공공사업을 벌인 까닭은, 여유 있는 재물로 가난한 사람들에게 도움을 주기 위함이다. 잔치에서 음식을 사고팔며, 공사로 벌어먹는 사람들이 날마다 수만 명에 이른다. 그러니 백성을 구하는 정사가 이보다 더 좋을 수가 없다.'라고 했다네."

"그랬군요."

"당시 그 지역에서 절서 지방 백성들만 안정되어 떠돌아다니지 않을 수 있었던 것은 다 그 덕분이라네. 선조 때 이후산(李後山)이 강원도 관찰사로 있을 때 일이라네. 큰 흉년이 들었는데, 임진왜란 때 불탄 감영을 오랫동안 새로 짓지 않고 있었네. 그가 '옛 사람들은 흉년에 토목 공사를 했으니, 그것도 한 방법이다.' 하고 감영의 쌀과 옷감으로 굶주리는 백성을 모집하니, 구름처럼 모여들어 몇 달 지나지 않아 공사가 끝났다네."

구황(救荒) 식물로 백성들이 먹을 만한 것은 좋은 품종을 골라 향교 유생들로 하여금 몇 가지를 채취하게 한 뒤 백성들에게 널리 알려 주어야 한다.

"명종 9년(1554)에 진휼청에서 아뢰길 '곡식을 모아 두어 굶주리는 백성을 구하는 것이 진휼 정책의 근본이지만, 곡식이 모자라 백성이 굶주리는 것을 앉아서 보고만 있을 수는 없습니다. 우리 세종 대왕께서 《구황벽곡방(救荒辟穀方)》을 써서 온 나라 백성을 구했습니다. 가령 솔잎은 사람의 위장을 보호하고 오래 살게 해 주는 게 오곡보다 나으니, 이는 실로 백성을 구하는 좋은 처방입니다. 서울 사람들은 풍습이 사치하고 죽 먹기를 부끄러이 여겨 아침에 쌀밥을 먹고 저녁에는 양식이 떨어집니다. 만약 이 좋은 처방을 단단히 타일러 따르게 하지 않는다면, 명령을 내려도 지키지 않을 것입니다. 이제 솔잎을 먹는 방법을 나무판에 새겨 서울과 지방에 널리 알리소서.'라고 하니, 임금이 이를 따랐다네."

"그런 일이 있었군요."

"《구황본초(救荒本草, 명나라 때 주숙이 펴낸 구황 식물에 관한 책)》에 이르길 '도토리의 껍질을 벗겨 익혀 먹으면 사람에게 가장 좋다. 속을 채워 줘서 굶주리지 않게 하니 흉년을 넘길 수 있다.', 또 '칡뿌리를 캐어 가루로 만들어 먹으면 곡식을 먹지 않아도 굶주리지 않는다.'라고 했네. 백성들이 먹을 게 없을 때는 구황 식물이 큰 도움이 되지.

순조 9년에는 흉년에 전염병까지 크게 번져 바다에 있는 섬들도 벗어나지 못했는데, 오직 보길도 백성들만 무사했네. 이 섬에는 칡이 많아 백성들이 모두 칡가루를 만들어 겨울부터 봄까지 그것으로 양식을 삼았기 때문이지. 칡가루는 구황에 쓰일 뿐만 아니라 전염병을 막기도 한다네. 보길도에서 오직 한 집만 양식이 남아 있어 칡가루를 먹지 않았는데, 그 집만 전염병이 돌아 온 가족이 다 죽었다더군."

흉년에 도적을 없애는 일은 절대 소홀히 해서는 안 된다. 그러나 도적의 실정을 알게 되면 불쌍해서 죽이지는 못할 것이다.

"송나라 사람 왕증(王曾)이 낙양 지방을 다스릴 때 일이네. 흉년이 든 해에 창고에 곡식을 쌓아 둔 사람이 있었는데, 굶주린 백성들이 떼를 지어 몰려 가 협박하여 곡식을 빼앗아 갔네. 이웃 고을에서는 이런 경우 강도로 몰려 죽은 자가 많았지만, 왕증은 매질만 하고 풀어 주었네. 주변 여러 고을에서 이 소문을 듣고 본받으니, 생명을 잃지 않은 사람이 수천 명이 되었네."

"그러면 강도가 더 생기지 않을까요?"

"맞아. 그래서 왕증의 일을 본받아서는 안 되네. 도적을 없애는 일은 《주례》〈대사도(大司徒)〉의 12황정 가운데 하나네. 왕증처럼 해서야 되겠는가. 다만 죽이지는 말아야 할 거야."

"엄하게 다루어야 한다는 말이군요."

"주자는 도둑을 단속하는 글에서 '해야 할 짓과 하지 말아야 할 짓을 제대로 지키지 않는 자들이 떼를 지어 남의 벼를 몰래 베어가는 일이 있을지도 모르니, 밑에 있는 순찰 기관은 이를 엄하게 금지하고 단속해야 할 것이다.'라고 했네. 남의 벼를 몰래 베어가는 사람은 도적이라기보다 양심을 잃은 양민이라고 봐야 하지. 하지만 법을 시행하는 관리는 엄격할 수밖에 없네. 여러 마을에 조치를 내려 서로 지키게 하되, 만약 또 벼를 몰래 베어가는 사람이 있으면 붙잡아 관가에 보내 벌을 받도록 해야 하네."

굶주린 백성 가운데 불을 지르는 사람이 있다면 마땅히 엄하게 금지해야 한다.

"《다산필담(茶山筆談)》에 있는 이야기라네. 기사년과 갑술년에 흉년이 들었는데 한 백성이 밥 한 그릇, 국 한 사발 때문에 원한을 품고 이웃집에 불을 질렀어. 그 불로 날마다 8,9호씩 불에 타서 열흘이 안 되어 그 마을 400여 호가 폐허가 되었지. 바닷가 여러 마을에서는 이런 일이 더욱 심했다네."

"그래서 어떻게 했나요?"

"방문(榜文. 어떤 일을 알리기 위해 써 붙이던 글)을 붙여서 금지시켰지. 그 방문의 내용은 '밥 한 그릇, 국 한 사발에 깊이 원한을 품고 불쑥 불을 지르는 사람을 현장에서 잡거나 그에 대한 명확한 증거가 있는 경우 이를 마을의 윗사람에게 보고하고, 윗사람은 사실을 조사하여 사실이면 곧 관가에 잡아들여 고을 바깥으로 쫓아 낼 것이다.'라는 것이었네.

흉년이 하도 심해 보통 때처럼 이 사람에게 벌을 줄 수는 없었지. 그 죄에 해당하는 법에 따라 태형이나 장형을 주면 그 자리에서 죽고 말 거야. 원래 죽을죄가 아닌데 죽여서는 안 되지. 고을 바깥으로 내쫓기만 하고 큰 벌은 주지 않아도 될 거야."

"흉년에는 방문을 붙여 죄를 짓지 않도록 타이르고 죽이지는 말라는 말씀이군요."

술 담그는 데 곡식이 가장 많이 들어가니, 술은 만들지도 못하게 하고 마시지도 못하게 해야 한다.

"흉년에 술을 금지하는 것이 지금은 보통 일이 되었지. 그러나 아전이나 군교들이 술을 금지하는 걸 이용해 힘없는 백성을 괴롭히니, 술 담는 일도 막지 못하고 백성들만 더욱 견딜 수 없게 되었네. 막걸리는 어느 정도 배를 채울 수가 있고, 길 가는 사람에게 도움도 되니 반드시 금지할 필요는 없네. 다만 소주는 읍내에서 아전들이 술주정하는 원인이 되니 엄하게 금지해야 해. 또 몰래 소주를 만드는 사람이 있으면 벌금을 받아 진휼하는 데 보태도록 해야 한다네."

흉년에 부역과 세금을 줄이고 나라에 진 빚을 덜어 주는 것은 옛 어진 임금의 법이다. 겨울에 받는 곡식, 봄에 거둬들이는 농토세, 관청 창고에서의 부역, 경저리(京邸吏, 서울 연락 기관의 관리)에게 군현이 진 빚도 늦추어 주고 재촉해서는 안 된다.

"백성들이 갚을 곡식은 큰 흉년이라 해도 4분의 1 정도의 기간만 미뤄 줄 수 있네.
수령은 서리가 내린 뒤에 간절하고 절박하게 타이르는 글을 내려, 굶주리지 않는 집은 갚을 곡식을 갚게 하여 진휼 재정을 마련해야 하네. 간절하고 온화한 말로 감동시키면 10월 안에 갚을 수 있는 사람은 모두 갚을 걸세. 갚을 수 없는 사람은 엄하게 꾸짖고 매질을 해서 매일 피를 흘리게 한다 해도 결코 거두어들일 수 없을 거야.

거둬들일 곡식의 질이 좋은지 나쁜지는 오직 봄에 나눠 준 곡식을 기준으로 해야 하네. 봄에 나눠 준 것이 좋으면 마땅히 좋은 곡식으로 거두고, 나쁘면 너무 좋은 것만 내놓으라고 하지 말고 키질하여 관가에서 그 줄어든 부분을 채우면 될 걸세.

또 겨울이 되면 반드시 상사에서 공문을 보내 재촉하며 '아직 거두지 못했다[미수(未收)]는 보고는 보내지 말라.'라고 말하면서 서릿발 같은 위엄으로 겁을 줄 거야. 이 경우 수령은 조금도 흔들리지 말고 한결같이 간절하고 따뜻한 말로 백성들을 타이르고, 거두어들이지 못한 것은 이유를 들어서 상사에 보고해야 하네. 그 보고문은 다음과 같이 해야 하네.

상사의 명령을 어기려는 것은 아니나 백성들의 상황이 억지로 재촉할 수 없는 상태입니다. 살껍질을 벗겨도 쭉정이 한 알 받아 내기 어렵고, 뼈를 긁어 내도 겨 한 줌 나오지 않으니 저인들 어찌 하겠습니까? 그 죄가 저에게 미치는 것이 진실로 두렵지만, 백성들의 울부짖음이 참혹한데 어떻게 악을 쌓을 수 있겠습니까? 금지하신 '미수' 두 글자를 어쩔 수 없이 써서 바칩니다.

비록 이로 말미암아 관직에서 쫓겨난다 해도 달게 받아들일 터인데, 꼭 그렇게 되지 않는 경우에야 말해 무엇하겠는가! 1되, 1가마도 거짓으로 거둬들였다고 해서는 안 되네."

제6조 진휼을 끝마치다[준사(竣事)]

진휼이 끝나가면 처음부터 끝까지 살펴보고, 허물이 없는지 일일이 반성하여 살펴보아야 한다.

"준사란 어떤 행사의 끝맺음을 말하는데, 여기서는 진휼의 끝맺음, 즉 그에 대한 상벌과 결산을 말한다네. 수령이 스스로 반성하여 진실로 잘했는지 되돌아보라는 것이지.

사람이 두려워해야 할 것이 세 가지 있으니, 백성, 하늘, 그리고 자기 마음이네. 상사를 속이고 국가를 속이며, 구차하게 벌을 피해 자기 이익과 벼슬을 지키려고 천하의 거짓말을 꾸밀 수는 있네. 그러나 백성은 털끝만 한 거짓말이라도 모르는 것이 없으니, 수령 자신의 죄를 알려면 반드시 백성의 말을 들어야 한다네. 상사를 속일 수 있고 임금을 속일 수도 있지만, 백성을 속일 수는 없어. 천지 귀신이 밝게 보고 있으니 하늘 또한 속일 수 없지. 그리고 스스로 감추려 해도 하늘을 우러러보고 땅을 굽어보아도 부끄러우니 자기 마음 또한 속일 수 없네. 이 세 가지에 속임이 없으면 진휼하는 일에서 수령의 잘못은 거의 없을 거야."

수령 자신이 준비한 곡식은 상사에 보고할 때 직접 실정을 조사해서 거짓이나 과장이 없도록 해야 한다.

"《대전통편》에서 규정하기를 '수령이 진휼 자금을 채운다는 핑계로 심하게 거두어 이익을 자기 혼자 차지하고 그 수효를 거짓으로 꾸민다면, 그 도의 감사에게 조사하게 하여 위에 보고하고, 사실대로 보고하지 않았다는 조항에 따라 벌을 준다.'라고 했네."

"진휼에도 부정이 있었나 보군요?"

"진휼에 어찌 수령이 스스로 준비한 곡식이 있을 수 있겠나. 실제로 자기 집 곡식을 가져오거나 자기 농장의 곡식을 실어 온 것이 아니니, 모두 이 고을에서 나온 것이네. 비록 수령의 녹봉에서 덜어냈다 해도 자신이 준비했다고 할 수는 없는 것인데, 하물며 교묘히 사들이고 함부로 거두어 스스로 준비했다고 거짓말을 하여 임금을 속이니 어찌 큰 죄가 아니겠나?

사용된 진휼 곡식에 대해서는 어디서 곡식이 나왔는지 자세히 밝혀, 자신이 준비했다는 말에 부끄러움이 없도록 정확히 해야 하네.

만약 모든 것을 낱낱이 보고하지 않으면 그 또한 자기 이름을 높이려는 뜻일 것이네.”

잘하고 잘못한 일과 그 일에 대한 공로와 죄는 법령을 자세히 보면 저절로 알게 될 것이다.

《경국대전》에는 ‘수령이 마음을 다해 굶주린 백성을 진휼하지 않아 죽은 사람이 많았는데도 이를 숨기고 보고하지 않으면 큰 벌로 다스린다.’라는 규정이 있고, 《속대전》에는 ‘수령이 진휼을 잘하여 한 도에서 가장 뛰어난 사람에게는 상을 준다.’라는 내용이 있네. 그 밖에 여러 법전에도 그런 내용이 있지. 또 《속대전》에는 ‘길에 굶어 죽은 사람이 있어도 묻어 주지 않으면 곧 명령하여 묻어 주게 하고, 이를 따르지 않으면 수령을 처벌한다.’라고 되어 있네.”

망종에 진휼 장소를 모두 정리했으면, 파진연(罷賑宴)을 베풀되 기생을 부르거나 악기를 연주하지는 않는다.

“파진연은 비록 잔치이긴 하지만, 진휼이라는 큰 일을 끝마치고 나서 수고한 사람들을 위로하는 자리이기 때문에 경사나 기쁜 일은 아니라네. 그러니 한 잔의 술, 한 접시의 고기로 간단하게 수고한 사람들을 대접해야 하네.

　죽은 사람이 수없이 많은데 아직 묻지도 못했고, 산 사람도 병에 걸려 신음소리가 그치지 않으며, 주린 창자에 갑자기 보리밥을 많이 먹어 새로이 죽는 사람도 생기는데, 이때가 어느 때라고 모여서 즐기겠는가? 큰 흉년 끝에 관청에서 파진연을 베푸는데, 백성들이 음악소리를 듣고는 모두 탄식하고 눈물 흘리며 성난 눈으로 밉게 보니, 춤과 노래, 악기는 절대 쓰지 말아야 하네. 수령이 조금이라도 반성하고 깨달은 사람이라면 어찌 이런 짓을 하겠는가?"

8. 사랑을 남기고 물러나는 길 [해관 6조]

解官

8. 사랑을 남기고 물러나는 길[해관 6조]

해관(解官) 6조는 체대(遞代), 귀장(歸裝), 원류(願留), 걸유(乞宥), 은졸(隱卒), 유애(遺愛)로 이루어졌다. 체대는 목민관이 교체되어 서로 임무를 교대하는 것이다. 귀장은 수령이 바뀌어 돌아갈 때의 행장을 말한다. 원류는 백성들이 수령이 더 머물기를 원하는 것이다. 걸유는 훌륭한 수령이 죄에 얽혔을 때, 백성들이 임금에게 수령의 용서를 청하는 것이다. 은졸은 임지에서 수령이 죽었을 때의 처리 절차와 방법에 관한 것이다. 유애는 수령이 남긴 애민의 자취에 대한 것이다. 해관 6조에서 다산은 목민관에 대한 평가는 재임 때뿐 아니라 임지를 떠난 뒤에도 오랫동안 남으며, 그 공로가 길이 남는다는 점을 강조하고 있다.

제1조 관직을 교대하다[체대(遞代)]

수령직에는 반드시 체임(遞任, 벼슬이 바뀌는 것)이 있기 마련이다. 체임되어도 놀라지 않고, 벼슬을 잃어도 거기 매달리지 않으면 백성들이 그를 존경할 것이다.

"관직이 바뀌는 이유에는 20여 가지가 있는데, 그 성격에 따라 크게 네 가지로 나뉘지. 과체(瓜遞)는 6년이나 3년 임기가 다 되어 바뀌는 경우고, 승체(陞遞)는 현에서 군으로, 부에서 목으로 승진하여 바뀌는 것이며, 내체(內遞)는 중앙 관직으로 옮겨 가는 것이야. 소체(召遞)는 삼사나 규장각, 승정원으로 임금의 명령을 받고 가는 것이고, 환체(換遞)는 다른 고을과 서로 바꾸는 것인데, 이 다섯 가지를 순조롭게 바뀐 경우라고 하여 순체(順遞)라고 한다네.

피체(避遞)는 상관과 친척 관계여서 바뀌는 경우고, 혐체(嫌遞)는 상관과 나의 조상 사이에 좋지 않은 관계가 있어 바뀌는 경우라네. 내체(來遞)는 중앙 관직에 있던 사람이 갑자기 벼슬이 낮아져서 새 수령으로 오는 바람에 바뀌는 경우고, 소체(疏遞)는 임금께 청하여 임금의 허락으로 바뀌는 경우지. 유체(由遞)는 말미를 얻어 자기 집으로 돌아가서는 임지로 다시 돌아오지 않아서 바뀌는 경우로, 갑작스럽게 바뀐다 하여 이 다섯 가지를 경체(徑遞)라고 한다네."

또 이어서 말씀하셨다.

"폄체(貶遞)는 수령 평가에서 낮은 점수를 받은 경우, 출체(黜遞)는 다른 관원이 올린 보고문 때문에 쫓겨나는 경우, 박체(駁遞)는 사헌부와 사간원에서 탄핵을 받아 나가게 된 경우, 나체(拿遞)는 수령으로 부임하기 전에 저지른 잘못이나 수령으로 있으면서 저지른 잘못으로 잡혀 가서 쫓겨나는 경우, 봉체(封遞)는 암행어사가 봉고파직시킨 경우인데, 이 다섯 가지를 죄 때문에 바뀐다 하여 죄체(罪遞)라고 한다네.

사체(辭遞)는 상사가 예로써 대하지 않아 글을 올리고 스스로 물러나는 경우, 투체(投遞)는 상사와 다투어 곧바로 돌아가는 경우, 병체(病體)는 신병이 깊어져 바뀌는 경우, 상체(喪遞)는 부모의 상을 당해 바뀌는 경우, 종체(終遞)는 수령으로 있다가 죽어서 바뀌는 경우로, 이 다섯 가지는 불행하게 바뀌는 경우에 해당된다네."

"수령이 바뀌는 이유가 참으로 많네요."

"수령 한 명이 바뀌고 쫓겨나는 경우가 이처럼 많으니, 관직이란 참으로 믿을 수 없는 것이네. 속담에 '벼슬살이는 품팔이 생활'이라고 했는데, 아침에 승진했다가 저녁에 쫓겨날 수도 있으니 믿을 수 없다고 말한 것이지.

송나라 때 학자 왕환지(王渙之)가 말하기를 '수레를 탈 때에는 항상 쓰러져 떨어질지 모른다는 생각으로 타고, 배를 탈 때에는 항상 배가 뒤집혀 물에 빠질 수 있다는 생각으로 타며, 벼슬을 할 때에는 항상 잘못될 수 있다는 생각을 가지고 임하라.'고 했네.

천박한 자는 관청을 수령의 집으로 생각하여 오래 누리려고 하다가 그 자리에서 물러나게 되면 마치 큰 보물을 잃어버린 것처럼 놀라서 어찌할 줄을 모르니, 어찌 한심한 일이 아니겠나?"

평소에 문서를 정리해 두었다가 내일이라도 곧 떠날 수 있게 준비하는 것이 청렴한 선비의 모습이며, 장부를 깨끗하고 명백하게 정리하여 뒤탈이 없도록 하는 것이 지혜로운 선비의 행동이다.

"현명한 수령은 관아를 여관처럼 여겨서 항상 망설임 없이 바로 떠날 것처럼 하기 때문에, 매달 장부를 정리하고 스스로를 평가하며 언제든지 짐을 묶어 떠날 수 있게 준비한다네. 그러고는 공문이 오면 미련 없이 곧 떠나니, 이것이 맑은 선비의 행동일세. 목민관은 백성을 위한 자리야. 따라서 그 자리에 매달려 마치 자기 것처럼 생각하는 것은 수령으로서의 예가 아닐세."

그 고을의 나이 많은 노인들이 마을 밖에까지 나와 배웅하면서 어린아이가 어미를 잃은 것 같은 인정을 보여 주면, 수령에게는 인간 세상에서 더할 수 없는 영광이 될 것이다.

"고을 백성들의 태도는 수령이 어떻게 다스렸는가에 따라 달라진다네. 훌륭한 목민관이 돌아갈 때는 백성들이 슬퍼하고, 못된 목민관이 돌아갈 때는 그 미움을 드러내면서 좋아하는 것은 당연한 이치겠지. 그러므로 고을 노인들이 떠나는 목민관을 혹은 눈물로, 혹은 작은 선물로 배웅하면 참으로 어질었다고 할 걸세."

제2조 돌아가는 짐을 꾸리다[귀장(歸裝)]

벼슬을 내놓고 돌아가는 청렴한 선비의 짐은 옷을 벗은 듯 가벼우며, 낡은 수레에 비쩍 마른 말 한 마리뿐인데도 맑은 바람이 사람에게 스민다.

"수령이 돌아가는 행장에 금은보화가 산더미처럼 쌓여 있다면, 어찌 훌륭한 목민관이라 할 수 있겠나? 당나라 때 육장원(陸長源)이란 사람이 여주 태수가 되었는데, 매우 청렴결백하게 벼슬살이를 했네. 그가 뒷날 그 고을을 떠날 때 짐 실은 수레가 딱 두 대였네. 그는 '우리 할아버지가 위주에서 돌아오실 때는 수레가 한 대였는데, 책이

반을 차지했다. 나는 할아버지에게 훨씬 미치지 못하는구나.'라며 한숨을 쉬었다네. 청렴결백을 미덕으로 삼았으니, 이 얼마나 아름다운가!"

상자와 농은 새로 만든 것이 없고, 구슬과 비단은 그 고을의 토산물이 아니어야 청렴한 선비의 짐이라 할 것이다.

"문종 때 이약동(李約東)이 제주 목사가 되었는데, 돌아갈 때 오직 채찍 하나만을 갖고 있었다네. 그가 말하기를 '이것도 이 섬의 물건이다.' 하고 관가의 누각에 걸어 두었다네. 섬사람들이 소중히 간직하여 새 목사가 부임할 때마다 항상 걸어 놓았는데, 세월이 오래되어 채찍이 낡아 고을 사람들이 채찍을 걸어 두었던 곳에 그 흔적을 새겨 존경하는 뜻을 나타냈다네."

하늘이 낸 물건을 천하게 여기고 물이나 불 속에 마구 던져서 버림으로써 자신의 청렴결백을 드러내려 하는 행동은 하늘의 이치에 맞지 않는 짓이다.

"당나라 때 이면(李勉)이 영남 절도사로 있을 때, 청렴과 근면으로 부하들을 다스렸네. 조정의 부름을 받고 돌아오는 배에서 가족들이 챙긴 물건들을 모두 강에 던져 버리며 말하기를 '오은지(吳隱之, 동진 때 인물로 청렴결백하기로 유명함)로 하여금 나를 비웃게 하지 말라.'라고 했다네. 또 송나라 공기(孔㬽)가 벼슬살이를 하는데, 두 아우가 고향으로 돌아갈 때 짐이 배로 10여 척이나 되었다네. 모두 비단, 종이, 돗자리 등이었지. 공기는 그것을 강기슭에 모아 놓고 불에 태우며 '선비 된 자가 고향으로 돌아가면서 장사꾼 짓을 해서야 되겠는가.'라고 말했다네. 이견공(李汧公)이 영남에서 소임을 마치고 돌아올 때 석문(石門)에 이르러 배를 멈추게 하고, 가족들이 가져온 물소 뿔, 상아 등을 모두 찾아내어 강 속에 던져 버리고 떠났다네."

"아깝네요. 차라리 백성들에게 나누어 주지."

"맞는 말이네.《예기》에 이런 말이 있어. '재물은 땅에 버려지는 것이 나쁠 뿐 반드시 자기가 가질 것은 아니다.' 공기와 이견공 두 사람은 왜 그 물건을 강가의 가난한 사람들에게 나누어 주지 않았을까? 참으로 잘못이 아닐 수 없어."

집에 돌아갔을 때 재물이 없어 예전처럼 맑고 검소하다면 으뜸이고, 방법을 찾아서 친척들을 넉넉하게 해 주는 것은 그 다음이다.

"정선이 다음과 같이 말했다네. '자신의 뜻을 세워서 천하의 백성들에게 베푸는 것을 사업(事業)이라 하고, 한집안 사람들에게 베푸는 것을 산업(産業)이라 하며, 천하의 백성들을 해쳐서 자기 한집안 사람들만을 이롭게 하는 것을 원업(潰業)이라고 한다. 산업을 가지고 사업을 키우면 사람들이 원망하고, 산업을 가지고 원업을 키우면 하늘이 죽일 것이다.'"

"자기 일가친척을 위해 백성들을 해치지 말라는 말이군요."

"그렇다네. 친척들을 보살피는 것도 중요하지만, 그보다 더 중요한 것은 자신의 포부를 펴서 모든 백성을 잘살게 하는 것이라네.

정선은 또 '잘못된 재물을 많이 얻어 원한이라는 빚을 남겨 자손에게 갚도록 하는 것은 복이 아니다. 사당을 세우고 친척들을 넉넉하게 해 주며 가난한 친척들을 도와주는 것은 진실로 아름다운 일이다. 그러나 너무 급하게 다 좋도록 하려는 마음이 있으면 반드시 잘못된 재물이 들어오게 될 것이다. 이것이 어찌 덕을 쌓고 복된 기운이 서리도록 하여 벼슬이 오래 가고 저절로 넉넉해져서 영원히 누리게 되는 것과 견주어 낫다고 할 수 있겠는가?'라고 말했다네."

제3조 목민관이 계속 있기를 원하다[원류(願留)]

백성들이 수령이 떠나는 것을 매우 슬퍼하며 길을 막고 계속 있기를 원하는 일은 역사에 빛나며 후세에도 본보기가 되니, 이는 겉치레 말과 표정으로 되는 일이 아니다.

"백성들이 길을 막고 더 머물기를 원하기도 했군요?"
"그런 경우는 역사책에 남겨 뒤에 교훈이 되게 한다네. 그러나 그 것은 꾸며낸 말이나 표정으로 되는 것이 아니지. 수령의 훌륭한 업적과 백성을 사랑하는 마음이 백성들의 마음을 움직인 것이니, 결국 그가 한 일로 평가를 받는 것이라네."

명성이 퍼져 이웃 고을에서 수령으로 모시기를 원하거나 두 고을이 서로 수령으로 모시려고 다툰다면, 이는 어진 수령의 빛나는 결과다.

"이정악(李挺岳, 조선 현종 때 문신)이 서산 군수로 있을 때 일이네. 당시 현종 임금은 해마다 온천으로 행차했는데, 필요한 것들을 간단하게 하라는 왕의 명령에도 불구하고 각 고을에서 들어가는 노력과 비용이 적지 않았다네. 이정악은 모든 일을 재량에 맞게 해서 임금의 행차가 가까이 와도 아전과 백성들이 모를 정도였네. 조정에서는 마침내 그를 파주 목사로 임명했지. 서산 사람들은 자상하고 인자한 어미를 잃은 듯하여 서로 모여 원망하면서 말하길 '어찌 여기서 빼어다가 저기에 주는가?'라고 했다네."

수령이 오래 다스려도 서로 편안하게 여기고, 늙었어도 계속 수령으로 있게 되기를 청하면 오직 백성들의 뜻에 따라서 법에 얽매이지 않는 것이 세상을 잘 다스리는 것이다.

"명나라 때 곽남(郭南)이라는 사람이 상숙현을 다스리다가 늙어서 그만두려고 하니, 고을의 노인들이 계속 있어 달라고 빌어 임금이 이를 허락했지. 살펴보면, 우리나라 법은 수령이 늙어 물러나는 시기를 정3품 아래의 벼슬아치는 64세, 정3품 위의 벼슬아치는 67세로 정해 두었네. 대개 70세 전에 6년이나 3년의 임기를 마치도록 하기 위함이지. 그러나 사람의 체력에도 개인 차이가 있으므로, 명성과 공적이 평소에 드러난 사람이라면 대신들과 인사를 맡은 관리들이 특별히 아뢰어 다시 보내는 것도 적절한 조치라 할 수 있겠지."

백성들이 놓아 주지 않아 상을 당해 돌아간 수령이 상중에 다시 돌아오기도 하고, 상을 마치고 다시 돌아오기도 한다.

"명나라 사람 항충(項忠)이 섬서 안찰사로 있을 때 일이네. 섬서 지방에 흉년이 들자, 그는 임금께 보낸 상소문에 대한 답장이 오기도 전에 창고를 열어 진휼을 시행하여 백성들이 그의 은혜에 감동했네. 그가 새어머니 상을 당했다는 말을 듣고 백성들이 대궐로 찾아가 그를 계속 수령으로 있게 해 달라고 청하니, 임금이 조서를 내려 상복 입기를 그만두게 하고 임지로 돌려보냈다네. 다음 해 조정에서 대리경(大理卿, 형벌과 옥사를 담당하는 장관)으로 임명했는데, 섬서 사람들이 다시 대궐에 찾아가 계속 있게 해 달라고 원하니 임금이 허락했지. 군사와 백성들은 그가 다시 오는 것을 기뻐하여 향을 피워 맞이했다네.

세종 때 선화(宣和)가 여산 현감이 되어 은혜와 위엄으로 다스리니, 아전과 백성들이 진심으로 따랐네. 아버지 상을 당해 수령직을 떠났는데, 상을 마치자마자 고을 사람들이 글을 올려 다시 돌아와 수령이 된 적이 있었지."

몰래 아전과 짜고 간사한 백성을 시켜서 대궐에 나가 계속 있기를 빌게 만드는 사람은 임금을 속이고 상관을 속인 것이니, 그 죄가 매우 크다.

"수령이 아전들을 시켜 계속 있기를 청하게 하기도 했군요."
"명나라 사람 유적(劉迪)이 영령 지방에 세과대사(稅課大使, 세금을 관리하는 관원)로 있을 때였네. 그는 임기가 다 되자 양을 잡고 술을 차려

놓고 고을 노인들을 초대해 계속 있게 해 달라고 부탁했다네. 백성들이 대궐에 가서 계속 있게 해 달라고 빌었는데, 그가 부탁한 사실이 드러났어. 이에 선종(宣宗)이 화가 나서 그를 감옥에 가두었네.

또 명나라 왕취(王聚)가 한중 지방 관원으로 있을 때 역시 잔치를 베풀고 부하 관리에게 계속 있기를 빌어 달라고 부탁했네. 그의 상관인 지부(知府)가 이 사실을 조정에 아뢰니, 선종이 화를 내며 부하 관리와 함께 벌을 주었지. 그 뒤로는 고을 사람들이 수령을 계속 있게 해 달라고 부탁하면, 담당 부서에서 사실을 조사하도록 했다네."

"그런 일이 많았군요."

"《명사(明史, 명나라 역사책)》〈순리전(循吏傳)〉을 보면, '선종 때는 법을 잘 지키는 관리와 잘 다스린 관리를 가장 중요하게 여겼는데, 이부상서 건의(蹇義)는 수령을 선택할 때 더욱 신중하여 밝게 살폈다. 마욱(馬旭), 양신지(楊信之) 같은 훌륭한 수령 10여 명이 9년 동안 평가에서 가장 우수한 점수를 받았는데, 백성들이 계속 있기를 원하자 벼슬을 올려 계속 있도록 했다. 그 전통이 영종(英宗) 때까지 이어져 관리들이 순박하고 인정 있게 백성을 다스리니, 백성들이 계속 있기를 원하면 대부분 허락했다. 그러나 그 사이에도 간사한 자들이 있었으니, 앞에서 본 유적이나 왕취 같은 경우가 그러하다.'라는 내용이 있다네."

제4조 백성들이 목민관의 용서를 빌다[걸유(乞宥)]

수령이 형식적인 법에 걸린 것을 많은 백성들이 슬프게 여겨, 서로 이끌고 왕에게 가서 그 죄를 용서해 달라고 청하는 것은 옛날의 좋은 풍습이다.

"걸유란 백성들이 수령의 잘못을 용서해 달라고 임금께 비는 것이네. 즉, 형식적인 법에 걸린 수령의 죄를 용서해 달라는 거지."

"백성들이 그렇게 용서를 구하면 임금께서 용서해 주셨나요?"

"천하의 공적이니 재능이니 하는 것 가운데 백성을 잘 다스리고 편안히 한 것보다 더 나은 것은 없네. 백성을 사랑하고 받드는 정이 진실하여 거짓이 없고 용서를 호소하는 마음이 감동할 만하면, 비록 수령이 지은 죄가 무겁고 크더라도 용서해 줌으로써 백성의 뜻을 따르는 것이 좋지 않겠나?

요즘은 붕당(朋黨)을 이루어 상대를 모함하기 때문에 한 번 배척당하면 용서해 달라고 비는 백성들까지 같은 그물에 걸려 그 죄가 헤아릴 수 없게 되네. 그 때문에 백성들은 수령의 죄를 불쌍히 여겨 온몸을 바쳐서라도 그 죄를 대신하고 싶어도 감히 말 한 마디 못 한다네. 이처럼 세상의 도리가 날로 타락하고 날로 땅에 떨어졌다네."

"백성들을 앞세워 자기 죄를 피하려고 한 관리도 있지 않을까요?"

"백성들이 호소하는 경우에는 지은 죄가 무겁더라도 벌을 가볍게 하여 능력 있는 자들을 구하도록 해야겠지. 하지만 간사한 꾀로 백성을 움직여 왕을 속이는 경우라도 가려내기 쉬우니 걱정할 것이 없네. 조사관을 고을에 보내 백성들의 속마음을 알아 보면 금방 드러나지 않겠나?"

제5조 목민관의 죽음을 슬퍼하다[은졸(隱卒)]

수령이 임기 도중에 죽었는데도, 맑은 행동이 더욱 빛나 아전과 백성이 슬퍼하며 상여를 붙잡고 울부짖으며 오래도록 잊지 못한다면 어진 수령의 뜻있는 죽음이라 할 수 있다.

"수령이 임지에서 죽는 경우를 은졸이라 하지. 성종 때 곽은(郭垠)이 담양 부사로 있으면서 부역과 세금을 가볍게 하여 정사가 맑고 인자했다네. 그가 임기 중에 갑자기 죽자 모두 슬퍼하며 술과 고기를 끊고 서로 조문을 했지. 상여가 떠나는 날 골목마다 우는 소리가 끊이지 않았어. 그리고 백성들이 의논하여 해마다 그가 죽은 날에 쌀을 모아 제사를 지내며 명복을 빌었지. 참으로 아름다운 일이 아닌가."

병들어 누웠는데 병이 깊어진다고 여겨지면 바로 자리를 옮겨야 할 것이요, 정당에서 죽어 다른 사람들이 싫어하게 되어서는 안 된다.

"정당은 공적인 업무를 보는 곳이네. 만약 불행하게 정당에서 죽으면 새로 올 수령도 싫어할 것이고, 이상한 말들이 퍼질 거야. 수령은 병들어 눕게 되면 스스로 병세를 헤아려 마땅히 책방(册房)으로 자리를 옮겨야지, 참고 누워 버티면 안 되네. 물론 새로 올 수령 가운데 옛 어른들처럼 정신 수양이 잘 되어 있는 사람은 꺼려 하지 않겠지만, 도리로 볼 때 정당에서 죽는 것은 마땅히 삼가고 피해야 하겠지."

"정당에서 죽으면 왜 안 좋은 건가요?"

"인조 때 이위국(李緯國)이 상원 군수가 되었을 때의 일이네. 그 고을 관아의 정당에 귀신이 붙어서 예전 수령들이 많이 죽었다 하여 정당을 오래 비워 두었다네. 그는 고을에 도착하자마자 곧 수리하게 하여 거기 머물렀는데, 이날 밤 그가 타던 말이 까닭 없이 죽었는데 그는 별로 신경 쓰지 않았지. 그 다음엔 별일 없었다네.

뒤에 이위국이 이천 부사가 되었는데, 전에 있던 부사들 중 세 명이 연달아 관아에서 죽었네. 고을 사람들이 이들을 위해 영좌(靈座, 죽은 사람의 위패를 놓은 자리)를 설치하고 고을 정당에서 제사를 지냈네.

새로 부임한 수령은 이곳을 두려워하며 피하여 민가에서 머물렀지. 이위국이 아전에게 일러 '새 수령이 오면 옛 수령은 마땅히 물러가야 한다. 귀신의 일이라고 해서 어찌 사람의 일과 다르겠느냐.'라고 하고는 즉시 영좌를 옮기고 이곳에서 지냈다네.

이것은 보통 사람들이 할 수 있는 일은 아니지. 병든 수령이 스스로 피해서 이런 일의 빌미를 만들지 않으면 좋지 않겠나?"

상수미(喪需米, 상을 치르는 데 쓰는 쌀)는 이미 나라에서 내린 것이 있으니, 백성들의 부의금을 어찌 또 받는단 말인가? 유언을 하여 받지 못하게 하는 것이 옳다.

"《속대전》에 다음과 같은 규정이 있네. '지방 관직에 있을 때 자신이 죽거나 부모의 상을 당한 사람에게는 상수미를 주되, 차이를 둔다. 관찰사와 수령이 임지에서 부모 상을 당하면 전라도와 경상도는 40석, 충청도는 30석이다. 그리고 자신이 죽은 경우 전라도와 경상도는 40석, 충청도는 35석이고 황해도는 부모상이든 자신이 죽은 경우든 35석이다. 부인의 상은 모두 자신이 죽은 경우의 절반이다.'"

"많이 준 건가요?"

"그렇지. 나라에서 내리는 쌀이 이처럼 넉넉한 것은 백성들에게 거두지 못하게 하려는 뜻이야. 그러니 백성들의 부의금은 결코 받아서는 안 된다네.”

“백성들도 수령의 죽음을 위로하고 싶지 않을까요?”

“인정이니 그럴 수 있겠지만 그래도 받아선 안 되네. 수령이 병으로 자리에 누워 만일 병세가 더 나빠질 것 같으면, 곧 유언으로 백성들에게 부의금을 거두지 말라고 하는 것이 옳다네.”

제6조 사랑을 남기고 떠나다[유애(遺愛)]

죽은 뒤에 백성들이 그를 잊지 못해 사당을 짓고 제사를 지낸다면, 수령이 남긴 사랑을 알 수 있다.

“김희(金熙)가 남원 부사가 되어 백성을 자식같이 돌보고 송사를 물 흐르듯 해결하여, 관직에 있는 여러 해 동안 온 고을이 편안했네. 그런데 얼마 안 되어 병으로 죽었어. 그 뒤 고을 사람들은 그가 죽은 날이 되면 변함없이 제사를 지냈다네.”

덕을 칭찬하여 돌에 새겨 오래도록 보여 주고자 세우는 것이 이른바 선정비(善政碑)다. 속으로 반성하여 부끄러움이 없는 것, 이것이 참으로 어려운 일이다.

"진(晉)나라 때 양호(羊祜)라는 사람이 오랫동안 양양을 다스렸는데, 어질고 은혜롭게 백성을 다스렸다네. 그가 죽자 고을 백성들이 현산이라는 곳에 비를 세우고 사당을 지었는데, 그곳은 양호가 평소에 노닐며 쉬던 곳이었지. 해마다 제사를 지내는데 그 비를 바라보면서 눈물을 흘리지 않는 사람이 없었어. 그래서 두예(杜預, 진나라 때 무신)가 눈물을 흘리는 비라 하여 타루비(墮淚碑)라고 이름을 지었다네.

하지만 위나라와 진나라 때부터 이미 선정비에 폐단이 있었다네. 그래서 엄하게 금지령을 내려 백성들이 함부로 세우지 못하게 했어. 우리나라도 정조 대왕 때 이 금지령을 내려 30년 이래 세운 비를 모두 없애게 했는데, 요즘 이 금지령이 느슨해져서 백성을 괴롭히던 수령도 떠나자마자 비석을 세우기 위해 세금을 거두어 백성을 거듭 괴롭게 하니, 어찌 한심하지 않은가? 수령이 돌아온 뒤 만약 비를 세운다는 소문을 듣거든, 마땅히 정조 대왕의 옛 명령을 근거로 엄하게 훈계하고 지키도록 타일러야 하네. 그러면 잊지는 못하더라도 감히 비는 세우지 못할 거야."

나무로 비를 세워 그 은혜로운 정사를 기릴 때는 칭찬하는 것도 있고 아부하는 것도 있으니, 세우는 대로 즉시 없애고 금지해서 치욕스럽지 않게 해야 한다.

"판서 이상황(李相璜)이 충청도 암행어사가 되었을 때 일이네. 새벽에 괴산군에 닿아 하늘이 아직도 어둑어둑한데, 고을에서 5리쯤 떨어진 미나리 밭에 한 백성이 있었어. 그는 옷소매에서 나뭇조각을 꺼내 진흙 속에 거꾸로 꽂았다가 다시 길가에 바로 세우고, 또 수십 걸음 앞으로 나아가 옷소매에서 나뭇조각을 꺼내 진흙 칠을 해서 세우기를 다섯 번이나 했다네. 어사가 '그것이 무엇이오?' 하고 물으니, '이것은 선정비요. 나그네는 모르시오? 이것이 바로 선정비요.'라고 대답했네. 어사가 '왜 진흙 칠을 하는 거요?'라고 물었더니 '이방이 나를 불러 암행어사의 발걸음이 두루 미치고 있으니 이 비 열 개 가운데 다섯 개는 동쪽 길에 세우고 다섯 개는 서쪽 길에 세우라고 했소. 눈 먼 어사가 이것을 진짜 비로 알까 걱정이 되어 진흙 칠을 해서 세우는 것이오.' 하였네. 어사가 그대로 들어가 일을 조사하여 먼저 진흙 비의 일을 묻고 그 수령을 봉고파직했네."

"선정비의 폐단이군요."

"그렇다네.《한암쇄화(寒巖磨話)》에 보면 다음과 같은 말이 나오지."

한 가지 정사가 조금 엄하면 비난하는 소리가 무리지어 일어나고, 한 가지 명령이 잠깐 편하면 나무로 만든 비가 잇따라 세워지니, 이것이 백성을 괴롭히는 것이다. 나무로 만든 비는 수령이 마땅히 금지해야 한다. 비록 모든 백성을 기쁘게 할지라도, 거기에는 반드시 원한을 품는 사람이 한 명이라도 있을 것이기 때문이다. 오늘은 이 비가 깨끗하지만, 내일은 잘못이 있다 해서 더럽히는 사람이 있을 것이다. 그러니 여러 고을에 엄하게 명령하여 다시는 비를 세우지 못하게 해야 후회가 없을 것이다.

백성들이 수령을 사랑해서 잊지 못하고, 수령의 성을 따서 그 아들의 이름을 짓는 것에서 이른바 백성의 마음을 엿볼 수 있다.

"수령의 덕이 두루 미치면, 백성들이 자식을 낳았을 때 수령의 성을 아이 이름에 넣기도 했다네. 오(吳)나라 사람 맹종(孟宗)이 예장 태수가 되었는데, 사람들이 그를 존경하여 아들을 낳으면 이름을 '맹(孟)'이라 지었다네."

떠난 지 이미 오래되었는데, 다시 이 고을을 지나갈 때 백성들이 기쁘게 맞이하여 보잘것없는 음식이라도 마련해서 앞에 가득 놓으면 말 모는 하인들에게도 영광이다.

"영조 때 유정원(柳正源)이 통천 군수로 있을 때 백성들을 은혜로 다스렸다네. 그가 이 지역 수령 자리에서 물러나 떠난 뒤 수년 만에 과거시험 감독관을 맡게 되어 회양에 이르렀지. 그랬더니 통천 백성 50

여 명이 수백 리를 멀다 않고 와 인사를 했는데, 심지어 눈물을 흘리는 사람도 있었다네."

많은 사람들의 기리는 소리가 오래도록 그치지 않는다면, 그가 다스린 공적을 알 수 있다.

"당나라 사람 이현(李峴)이 경조윤(京兆尹, 수도의 장관)이 되었을 때, 그의 명성과 업적이 크게 드러났다네. 양국충(楊國忠, 당나라 현종 때 간신)은 이현이 자기와 한편이 되지 않자 그를 미워해서 장사 지방 태수로 보냈다네. 당시 수도에는 쌀이 귀했는데, 백성들이 노래하기를 '쌀과 조를 마음껏 얻고 싶거든 이현을 따라가는 수밖에 없구나.'라고 했다네."

9. 다산 선생과의 이별

9. 다산 선생과의 이별

"이제 헤어질 때가 된 것 같구나."

다산 선생께서 마지막 장을 덮으며 말씀하셨다. 노을이 지는 것을 보니 어느덧 저녁이 된 모양이다.

"《목민심서》를 보고 나니 어떤가?"

"백성들을 위하는 목민관이 되기 위해서는 목민관 자신의 마음과 행동이 무엇보다 중요하다는 것을 깨달았어요."

"그렇지. 자신의 마음과 행동을 다스리는 것이 기초가 되어야 한다 네. 또 느낀 것은 없나?"

"백성들을 사랑하고 백성들의 처지에서 생각하는 사람이 되어야 할 것 같아요. 훌륭한 목민관이 되기 위해 가장 중요한 것은 백성들을 내 자식처럼 생각해야 한다는 말씀 같아요."

"허허, 그렇게 큰 줄거리를 이해했다니 기특하구나."

다산 선생께서 재용의 어깨를 두드리며 말씀하셨다.

"맑은 선비는 자신과 하늘을 우러러 부끄러움이 없어야 해. 내 두 아들 학연(學淵)과 학유(學游)에게 썼던 편지를 읽어 주지."

선비의 마음은 비 갠 뒤에 맑게 부는 바람과 밝은 달처럼 털끝만큼도 가린 곳이 없어야 한다. 하늘과 사람에게 부끄러운 일을 조금도 저지르지 않으면, 자연스레 마음이 넓어지고 몸이 평안해져서 호연지기(浩然之氣)가 절로 있게 된다. 만약 포목 몇 자, 동전 몇 닢 때문에 잠시라도 양심을 저버리는 일이 있다면, 여기에서 기상이 꺾이고 손상되니 너희는 참으로 조심토록 하여라.

글을 읽으시는 다산 선생의 목소리가 점점 작아지는 듯해서 고개를 들어 보니, 어두워서인지 다산 선생의 모습이 보이지 않았다.

"재용아! 서재에 있니?"

자신을 부르는 낯익은 목소리에 재용은 정신이 번쩍 들었다.

"네, 저 여기 있어요!"

"불도 안 켜고 뭐하고 있니?"

아버지가 퇴근하셨는지 서재로 들어오셨다.

"다산 선생님을 만나서 《목민심서》를 공부했어요."

"이 녀석, 공부하다 꿈을 꾸었나 보구나."

아버지가 어이없다는 표정으로 말씀하셨다.

"아니에요. 진짜 만나서 이야기했다니까요."

그런데 다산 선생의 모습은 온데간데없고 책상에는 《목민심서》와 《다산시문집》만이 펼쳐져 있었다. 재용은 아직도 다산 선생의 목소리가 귀에 생생했다.

"아버지, 《목민심서》가 대단한 책이던데요."

"그럼. 우리나라 사람이라면 반드시 알아야 할 책이지. 자, 이제 그만 정리하고 저녁 먹자."

아버지의 말씀에 책상을 정리하며 《목민심서》를 조심스럽게 덮었다. 책에서는 다산 선생께서 어깨를 두드려 주시던 따뜻한 손길이 느껴지는 듯했다.

이것이 지난 여름의 사건이었다.

'사람들은 믿지 않겠지만 나는 아직도 다산 선생님을 만났다고 생각해.'

재용은 속으로 이렇게 말하며 언젠가는 다산 선생의 글들을 모두 읽겠다고 마음먹었다.

마음으로 쓰는 목민의 길, 《목민심서》

1. 《목민심서》가 나오기까지

　다산(茶山) 정약용(丁若鏞) 하면 우리는 실학과 《목민심서》를 떠올린다. 실학을 집대성한 학자이자 《목민심서》 등 수많은 저서를 남긴 대학자, 정약용! 이런 다산의 사상과 학문은 '다산학(茶山學)'이라는 분야가 생길 정도로 그 폭과 넓이가 깊고 넓어서 오늘날까지도 경탄의 대상이 되고 있다. 그럼 지금부터 다산의 삶과 《목민심서》에 대해 살펴보기로 하자.

　《목민심서》는 목민관(수령)이 갖추어야 할 자세와 알아야 할 지식을 다룬 책이다. 지금으로 말하면 관리가 알아야 할 행정지침서인 셈이다. 그런데 다산은 무슨 이유로 이런 책을 지었던 것일까? 그것은 당시 관리들의 부정부패, 무능으로 인해 백성들이 고통 받고 있어서 올바른 목민관의 자세가 필요했기 때문이다.

　다산이 살았던 당시에는 '백성이 하늘'이라는 유교 이념은 허울일 뿐, 목민관들은 온갖 명목을 내세워 백성들을 수탈하거나 백성들의 고통을 나 몰라라했다. 이런 모습을 보면서도 다산은 유배 생활을 하는 처지라서 직접 목민관으로 나설 수도, 임금에게 상소를 올릴 수도 없었다. 그래서 뜻이 있는 목민관에게 도움이 되기를 바라면서 마음으로 쓴 책이 바로 《목민심서》다. 그러면 도대체 그 당시에 왜 그토록 관리들이 부패하고 문란했던 것일까?

　다산은 조선 후기 영조 때인 1762년에 태어났다. 영조는 당파 싸움을 그치게 하는 탕평책을 실시한 것으로 유명한데, 이는 그 당시에 당쟁이 얼마나 치열했는지를 보여 주는 증거이기도 하다. 그 시대에 당쟁이 치열했던 이유는 조선 사회의 여러 가지 문제들이 이때에 구체적으로 드러나기 시작했기 때문이다.

　정치적으로 보면, 조선은 건국 초기에 공자의 유교 사상을 철학적으로 설명한 성리학을 통치 이념으로 삼아 새롭게 출발했다. 그러나 시간이 흐르면서 원래 성리학의 이념은 사라지고 형식적인 예법과 형식에만 치우치게 되었고, 현실적인 국가 운영 문제에 대응하는 자세도 흐트러졌다. 또 집권 세력인 양반들은 조선 후기로 갈수록 권력 유지에만 집착하여 관료화되었는데, 이런 경향은 임진왜란 이후 겉잡을 수 없을 정도까지 이르게 되었다. 즉, 관직은 한정되어 있는데 많은 인재를 등용해야 하는 데서 생긴 갈등이 커지면서 당쟁이 심해졌고, 정치가 혼란한 틈을 탄 관리들의 부정부패도 더욱 노골적으로 나타났다.

경제적으로 보면, 조선 사회는 농업 사회로 토지를 중심으로 한 농업이 경제 기반이었다. 따라서 농사의 성패에 따라 나라 재정과 백성들의 삶이 결정되었다. 그런데 국가의 관리 소홀로 홍수와 흉년 등 자연 재해를 제대로 극복하지 못했다. 더욱이 임진왜란 이후 전란 등으로 농사 지을 토지 가운데 상당수가 황폐해졌고, 관료 조직의 부패로 조세 정책까지 문란해져 국가 재정은 더욱 어려워졌다. 이에 따라 백성들의 삶은 더욱 피폐해졌고, 생계 유지조차 어려워졌다.

다른 한편 18세기 후반에서 19세기 전반은 조선이 중세적 농경사회에서 근대적 상공업 사회로 변화하던 시기였다. 농업 기술이 발달하고 널리 보급되면서 일부에서는 부유한 농민들이 출현하고 상업이 활기를 띠기도 했지만, 대다수 농민들은 토지를 잃고 소작농으로 이리저리 떠돌아다니게 되었다.

이와 같은 조선 후기의 혼란스러운 사회 상황을 잘 보여 주는 것이 바로 1811년 발생한 홍경래의 난이다. 조선 왕조에 대한 백성들의 불만이 밖으로 드러난 사건이었다.

이렇게 다산이 살았던 시대는 조선 왕조의 여러 가지 문제점들이 드러나기 시작한 시기였다. 이 시기에 의식 있는 젊은 학자들은 이러한 문제들을 해결하기 위해 성리학이라는 낡은 틀을 버리고 새로운 학문을 개척했다. 이들이 바로 실학자이고, 그들이 했던 학문이 바로 실학(實學)이다.

2. 실학을 집대성하다

실학은 말 그대로 '실제적인 학문'을 뜻한다. 즉, 현실에서 발생하는 여러 문제를 해결하기 위한 학문인데, 이러한 실학의 목표와 방법은 실사구시(實事求是)라는 말에 잘 표현되어 있다. 실사구시란 현실의 문제에 힘쓰고 올바른 것을 추구한다는 뜻이다.

실학자들은 당시 사회 모순들을 개혁하고 현실에 나타난 문제점들을 해결하고자 노력했는데, 그 뿌리는 율곡(栗谷) 이이(李珥)에게서 출발했다고 볼 수 있다. 실제에 힘쓴다는 무실(務實) 정신을 강조했던 율곡의 사상을 이어받아 18세기 초부터 이수광(李睟光), 유형원(柳馨遠), 이익, 홍대용(洪大容) 같은 실학자들이 실학을 발전시키는 데 많은 공헌을 했다.

공리공담에서 벗어나 현실 생활에 유용한 것을 찾고자 했던 실사구시학파, 경제와 무역을 중심으로 나라를 발전시키고자 했던 이용후생학파, 제도와 법률 등을 개혁하자고 주장했던 경세치용학파 등

주장하는 바에 따라 다양하게 불리기도 하지만, 이 실학자들은 모두 현실 개혁을 추구했다. "진실로 백성에게 이로운 것이면, 그 법이 비록 오랑캐에게서 나온 것이라 할지라도 성인(聖人)은 그것을 취할 것"이라고 한 율곡의 말에서 그들이 얼마나 실질적인 학문을 추구했는지 알 수 있다.

흔히 다산을 실학의 집대성자라고 하는데, 그 이유는 다산이 실학자들의 여러 가지 주장들을 종합하여 《여유당전서(與猶堂全書)》로 집대성했기 때문이다. 그러면 다산학이라 불릴 만큼 폭넓은 그의 사상과 저술을 생애와 함께 간략하게 살펴보자.

다산의 학문 연구와 그의 생애는 매우 밀접하게 관련되어 있는데, 다산의 생애는 크게 두 시기로 나눌 수 있다. 태어나 성장하고 과거 급제하여 벼슬 생활을 했던 영·정조 시대가 전반기다. 그리고 정조가 죽고 1801년 신유사옥으로 18년의 유배 생활과 그 뒤 고향으로 돌아간 순조 시대가 후반기다.

다산은 당파로는 남인에 속했는데, 당시는 서인과 남인의 당쟁이 치열했다. 정조가 죽고 나자 서인들은 천주교를 믿는다 하여 남인 세력을 대대적으로 숙청했다. 이 사건이 신유사옥인데, 다산은 이 사건 때문에 18년이라는 긴 세월 동안 유배 생활을 하게 되었다. 특히 가족과 친척들이 천주교와 관련되어 많은 피해를 입었다. 우리나라 최초로 영세를 받은 이승훈(李承薰)은 그의 매형으로 신유사옥 때

순교했고, 둘째형 정약전(丁若銓)과 다산은 유배되었으며, 셋째형 정약종(丁若鍾)도 역시 순교했다. 하지만 이런 오랜 유배 생활로 인해 다산은 학문 연구와 저술에 힘쓰게 되었으니, 어찌 보면 전화위복이라고 할 수도 있다.

다산이 실학 사상을 연구하고 실행하는 데 빼놓을 수 없는 인물은 정조다. 다산은 22세에 진사가 되어 성균관에 들어갔는데, 그해 여름 정조는 성균관에 '사단칠정론에서 퇴계와 율곡의 이론적 차이'에 대해 답하도록 하였다. 대다수 사람들이 퇴계의 이론을 옳다고 한 반면에 다산만이 율곡의 이론을 지지하는 주장을 폈다. 이것이 정조의 마음에 들어 이후 정조의 총애를 받게 되었다.

또한 정조는 다산에게 다양한 관직을 통해 경험을 쌓도록 했고, 다산의 실용적인 지식을 많이 활용했다. 한 예로 한강에 배다리를 만들어 정조의 행차가 한강을 건널 수 있게 한 것을 들 수 있다. 배다리란 새롭게 다리를 놓는 것이 아니라 배와 배를 임시로 연결하여 다리 구실을 할 수 있게 만든 것이다.

또 다른 예는 수원성을 지을 때 거중기를 만들어 기간과 비용을 단축한 일이다. 즉, 도르래를 겹으로 이용하여 적은 힘으로 무거운 물건을 밀고 끌거나 또는 끌어올릴 수 있는 거중기를 서양 문헌을 참조하여 설계 제작한 것이다. 이것은 다산이 처음으로 고안한 것은 아니지만, 이 거중기를 사용함으로써 4만 냥의 경비를 절약했다고 한다.

다산의 사상과 업적은 과학과 기술 측면에서뿐만 아니라 문학, 철학, 사회, 경제, 의술 등 다방면에 걸쳐 있다. 문학 방면에서 볼 때 다산이 쓴 시는 역사적 가치와 문학적 가치 모두 매우 독창적인 것으로 인정받고 있다. 당시 백성들의 생활상을 아주 상세하고 구체적으로 그렸을 뿐만 아니라 우리말을 한자어로 표현하는 방법이 매우 뛰어나 표현법에서도 경지를 이룬 것으로 평가된다.

의학 방면에서도 다산은 《마과회통(麻科會通)》이라는 의학서를 저술할 정도로 조예가 깊었다. 이 책은 전염성 질환인 마진(麻疹), 즉 홍역에 관한 의학서다. 그는 홍역을 예방하기 위해 종두법을 실시했다고 한다.

다산의 사회 개혁 사상 가운데 《경세유표(經世遺表)》에 제시된 토지 개혁론은 매우 혁신적인 것이었다. 여전제(閭田制)라는 토지개혁론은 약 30가구 정도로 이루어지는 '여(閭)'라는 최소 행정 단위를 바탕으로, 여에 속한 토지를 백성들이 함께 소유하는 제도다. 이 공동 토지를 여의 우두머리가 통솔하여 공동으로 경작하며, 여의 우두머리는 개개인의 노동량을 기록하여 두고 그 노동량에 따라 가을에 수확한 생산물을 분배한다는 것이다. 이는 토지를 공유하고 공동 노동을 하는 일종의 협동농장제로, 당시로서는 실현가능성이 없었을지라도 매우 진보적인 개혁안이라고 현재까지 평가받는다.

다산 사상에서 《목민심서》와도 연결되는 것은 그의 민본(民本) 사

상이다. 비록 오늘날 민주주의와는 거리가 있겠지만, 유학의 근본
이념인 '민본'이나 '위민(爲民)' 사상을 새롭게 밝혀 백성이 나라의 주
인이라는 점을 강조했다. 이러한 민본 사상의 결실이 바로《목민심
서》다. 암행어사와 곡산 부사 경험, 유배 생활 경험을 바탕으로 한
백성들에 대한 끝없는 애정이 그의 민본 사상을 더욱 확고하게 만든
것이다.

3. 애민 정신이 낳은《목민심서》

《목민심서》는 오늘날까지도 공직자들의 필독서로 꼽힌다. 대다수
의 공무원 연수 과정을 보면 반드시《목민심서》에 대한 강의가 포함
되어 있을 정도다. 그렇다면 왜《목민심서》를 꼭 읽도록 권하는 것
일까?

다산이 쓴 책 가운데 대표적인 것으로 1표2서(一表二書)를 꼽는다.
《경세유표》,《흠흠신서(欽欽新書)》,《목민심서》가 그것인데, 이 책들에
는 다산 실학 사상의 핵심이 잘 드러나 있다. 《경세유표》는 경제와
정치 등 국정 전반의 개혁안을 제시한 책이고,《흠흠신서》는 법의학
책으로 형벌을 신중하게 주기 위해 검시 등에서 조사를 철저히 하는
방안을 다룬 책이다. 《목민심서》는 목민관인 수령이 지켜야 할 자세

와 행정 원칙을 다룬 책이다. 순서대로 경제, 법률, 행정에 관한 매우 깊이 있고 체계적인 저술이라 할 수 있다.

그런데 이 세 권의 책 가운데서도 왜 《목민심서》를 보다 중요한 책으로 여기는 것일까?

《목민심서》가 나오기 전에 중국이나 우리나라에 이와 같은 행정지침서가 없었던 것은 아니다. 그러나 그러한 책들은 하나 혹은 몇 가지 내용만을 중심으로 백성을 다스리는 방법을 제시했다. 대표적으로 《치현결》이나 《정잠(政箴)》 같은 책들이 그렇다.

그에 비해 《목민심서》는 중국과 조선의 많은 문헌을 찾고 참조했기 때문에 그 내용이 다양하면서도 구체적이고 자세하다. 그리고 그 마음의 절절함이 읽는 사람들로 하여금 가슴에 와 닿게 한다. 《목민심서》는 목민관이 부임하는 순간부터 해임되는 날까지 갖추어야 할 것들과 그것을 실행하는 방법과 절차, 그 내용 등을 다루고 있다. 그리고 행정지침서의 형식을 띠고 있으면서도, 그 밑바탕에는 백성을 위해 헌신해야 한다는 애민 정신이 깔려 있다. 이러한 애민 정신을 현실 속에서 적극적으로 펴고자 했기 때문에 이 책이 다른 두 권의 책보다 가치를 높이 평가받는 것이다.

그럼 《목민심서》는 어떤 특징이 있는지 한번 살펴보자.

첫째, 앞에서도 강조했지만 《목민심서》에는 다산의 절절한 애민 사상이 담겨 있다. 다산은 목민관들이 지켜야 할 첫 번째 자세를 '애민'이라는 한 마디로 강조한다. 그리고 전체 구성에서는 핵심 내용을 간략하게 격언 구절처럼 강조하고, 그 내용을 중국과 우리나라의 예를 들어가면서 설명한다.

둘째, 《목민심서》는 매우 다양하고 구체적인 사례들을 들어서 목민 철학을 기술했다. 중국과 우리나라 목민관들의 사례를 그 공적과 실책을 대비시켜 다양하게 실었다. 그리고 목민관이 어떤 자세로 어떻게 행동해야 하는지에 대해 구체적으로 제시해 놓았다. 그래서 읽는 이들이 시공을 초월하여 올바른 목민관의 자세에 공감할 수 있게 했다. 특히 다산이 곡산 부사로 있을 때의 행정 기록인 《상산록》은 다산의 직접 경험에서 나온 것으로 실제적이면서도 마음에 와 닿는다.

셋째, 《목민심서》는 중국과 우리나라에서 이전에 시행됐던 제도들을 매우 상세하게 비교 분석하고 그 장단점을 다루면서, 당시 현실에서 부딪치는 제도의 문제와 개선 방안을 각각의 내용에 맞게 제시했다. 법전은 물론 역사책, 경전, 사소한 기록에 이르기까지 매우 다양한 저술을 참조하여 상세하게 다루고 있다.

그러면 다산이 《목민심서》를 통해 우리에게 강조하고자 한 것은 무엇일까?

첫째, 다산은 목민관을 백성의 부모에 비유하여 마치 자기 자식을 대하듯 백성을 사랑해야 한다고 강조한다. 이를 위해 가장 중요한 것이 백성들을 제대로 먹여 살리는 문제인데, 목민관이 부정부패를 저지르지 않는다면 백성들이 편하게 살 수 있다고 보았다. 그래서 목민관이야말로 가장 청렴해야 한다고 생각했다. 청렴하기 위해서는 검소하고 절약해야 하며, 공과 사를 구별하는 자세가 있어야 한다고 보았다. 이러한 청렴 정신이 《목민심서》 전체를 대표하는 정신이다.

청렴은 수령의 본분이요 모든 선의 근원이며, 모든 덕의 근본이다. 청렴하지 않고서 수령 일을 제대로 할 수 있는 사람은 지금까지 한 사람도 없었다.

개인이 쓰는 비용을 절약하는 것은 보통 사람도 할 수 있지만, 관청 창고의 재정을 절약하는 이는 드물다. 공공 물건을 개인 물건처럼 아껴야 현명한 수령이다.

－율기 6조 중에서

다산이 청렴을 강조한 이유는 그 당시에는 기본 물자가 부족하여 백성들의 생활이 어려웠기 때문이다. 목민관은 양반이므로 백성들에게서 나온 물자를 마음대로 낭비하면 백성들의 원성을 듣게 되고, 따라서 백성을 바르게 다스릴 수 없다고 본 것이다. 즉, 검소하고 절약하는 자세로 솔선수범하는 것이 백성들을 바르게 이끄는 방법이며, 백성들이 목민관을 신뢰하고 따르게 만드는 길이라고 생각했다.

둘째, 다산은 목민관은 국가 업무를 처리하는 자리에 있으므로 공정해야 하며, 그 과정에서 준법정신과 합리성을 가져야 한다고 강조한다. 목민관은 기본적으로 국법에 따라 모든 업무를 처리해야 하며, 더불어 각 고을의 관례를 존중하여 업무를 처리한다면 무리가 없을 것이라고 보았다. 그러나 다산은 법에 지나치게 얽매인 사람은 아니었다. 고지식하고 완고한 자세에 대해 우려하면서, 상황에 따라 백성들의 처지를 고려하여 융통성 있게 적용해야 한다는 사실도 잊지 않고 강조한다.

폐해가 없는 법은 잘 지켜 바꾸지 말고, 합리적인 관례는 지켜서 없어지지 않도록 해야 한다.

읍례(邑例)는 한 고을의 법이니, 그 가운데 이치에 맞지 않는 것은 고쳐서 지키도록 해야 한다.

— 봉공 6조 중에서

《목민심서》가 오늘의 우리에게도 의미 있는 이유는 내용의 뛰어남도 있지만, 무엇보다도 다산의 백성과 나라를 사랑하는 치열한 정신이 그 속에 담겨 있기 때문이다. 《목민심서》를 읽으면서 조선 시대 최고의 학자 다산이 찾고자 했던 개혁의 참된 뜻을 깨닫고 오늘을 반성해 보는 것이야말로 다산 정신을 오늘의 정신으로 이어가는 길일 것이다.

다산 정약용 연보

다산 정약용(1762~1836)은 자신이 직접 쓴 〈자찬묘지명(自撰墓誌銘)〉에 자신의 생애를 자세히 적어 놓았다. 회갑을 맞은 해에 자신의 일생을 돌아보며 생애와 사상, 업적을 '묘지명'이라는 이름을 빌어서 썼던 것이다. 이를 토대로 연보를 살펴보았다.

출생

1762년 현재의 경기도 남양주군 조안면 능내리에서 태어났다. 아버지 정재원(丁載遠)은 진주 목사를 지냈으나, 고조부 이후 3대까지는 별다른 벼슬이 없었다. 어머니 해남 윤씨(尹氏)는 고산(孤山) 윤선도(尹善道)의 외손녀였는데, 다산은 넷째 아들로 태어났다.

어린 시절

묘지명에는 "나는 어려서부터 영특하고 꽤 문자를 알았다고 한다. 9세 때 모친상을 당했고, 10세 때 비로소 공부를 시작했다. 그 뒤 5년간 아버지께서는 벼슬을 하지 않고 한가로이 계셨는데, 이 때문에 나는 경전과 사서, 고문을 매우 부지런히 읽었다. 또 시율을 잘 짓는다는 칭찬을 받기도 했었다."라는 내용이 있다. 다산은 재능이 뛰어나 7세 무렵에 이미

역법과 산술에서 남다른 재능을 보였고, 10세 때부터 아버지에게 사서삼
경과 역사에 대해 본격적으로 배우기 시작했다.

15세에 승지인 홍화보(洪和輔)의 딸 풍산 홍씨(洪氏)와 결혼했다. 아버지가
호조좌랑으로 복직되어 서울로 이사했다.

청소년 시절

아버지를 따라 상경한 다산은 문학으로 세상에 이름을 떨치던 이가환(李
家煥)과 학문적 깊이가 상당하던 매부 이승훈을 통해 16세(정조 원년. 1777)
때에 처음으로 성호 이익의 책을 얻어 읽고 공감하여 실학에 관심을 갖
게 되었다. 아버지의 부임지인 화순에 따라가 목민관 생활을 직접 목격
하기도 했다. 20세에 과거를 보았으며 같은 해 7월 딸을 낳았는데 닷새
만에 죽었다.

천주교와의 만남과 정조의 총애

21세에 세자 책봉 경축 증광시의 초시에 합격하고, 회시로 생원이 되
었다. 9월 장남인 학연이 태어났다. 22세에 진사가 되어 성균관에 들어

가 《중용》에 대한 독창적 해석으로 정조에게 인정받게 되어 총애를 받았다. 23세 때 큰형 정약현(丁若鉉)의 처남인 이벽(李檗)에게 천주교에 대해 듣게 되는데, 이를 계기로 천주교와 관계를 맺는다. 25세 때 차남 학유가 태어났다.

관직과 목민관 경험

28세에 대과에 합격하여 벼슬길에 올라 10여 년 동안 중요한 관직을 두루 거치게 된다. 겨울에는 한강 배다리 공사에 참여하여 공을 세웠다. 29세에 예문관 검열이 되었으나, 3월에 남인 벽파(僻派)의 탄핵으로 지금의 서산시 해미면에 유배되었다가 11일 만에 풀려났다.

30~31세(1791~1792)에 사간원, 홍문관의 주요 직책을 맡게 된다. 31세에 부친상을 당하여 3년상을 지내고, 33세에 성균관에서 강의를 하게 되었으나 그해 10월 암행어사 명을 받아 연천 지역을 순찰하였다. 34세에 '주문모(周文謨) 사건'에 둘째형 정약전이 관련되어 충청도 금정 도찰방으로 좌천되었다. 38세에 반대파의 모함에 대해 〈자명소(自明疏)〉를 올리고 사직하려 하였다.

정조의 죽음과 신유사옥, 그리고 유배 길

39세에 처자를 데리고 고향으로 내려갔으나 왕명으로 다시 서울로 올라왔는데, 그해 6월 정조가 갑자기 세상을 떠났다. 40세(1801)에 신유사옥으로 천주교도에 대한 박해가 시작되면서 정약전, 정약종 두 형과 함께 체포되었다. 이때 셋째형 정약종은 참형에 처해지고 정약전과 다산은 유배되었다. 같은 해 황사영(黃嗣永) 사건으로 다산은 다시 전라도 강진으로, 정약전은 흑산도로 귀양을 가게 되었다.

《목민심서》의 완성과 유배에서 풀려남, 그리고 죽음

56세에 《목민심서》를 쓰기 시작하여 57세에 완성했다. 그해 8월 이태순(李泰淳)의 상소로 귀양에서 풀려나 고향으로 돌아왔다.
현종 2년(1836) 2월 22일 75세의 나이로 마현리 자택에서 숨을 거두었다.